AF543000

El universo te habla

TAMMY MASTROBERTE

El universo te habla

Conéctate con las señales y la sincronicidad para revelar momentos mágicos cada día

EDICIONES OBELISCO

Si este libro le ha interesado y desea que le mantengamos informado
de nuestras publicaciones, escríbanos indicándonos qué temas son de su interés (Astrología, Autoayuda, Ciencias Ocultas, Artes Marciales, Naturismo, Espiritualidad, Tradición...)
y gustosamente le complaceremos.

Puede consultar nuestro catálogo en www.edicionesobelisco.com

Colección Espiritualidad y vida interna
El universo te habla
Tammy Mastroberte

1.ª edición: enero de 2026

Título original: *The Universe is Talking to you*

Traducción: *Lidia Bayona Mons*
Maquetación: *Marga Benavides*
Corrección: *M.ª Jesús Rodríguez*
Diseño de cubierta: *Enrique Iborra*
Ilustración de la página 198 de *Mary Ann Zapalac*

Edita: Ediciones Obelisco, S. L.
Collita, 23-25 Pol. Ind. Molí de la Bastida
08191 Rubí - Barcelona - España
Tel. 93 309 85 25
E-mail: info@edicionesobelisco.com

ISBN: 978-84-1172-348-0
DL B 17482-2025

Impreso en España en los talleres gráficos de Romanyà/Valls, S. A.
Verdaguer, 1 - 08786 Capellades (Barcelona)

Printed in Spain

Para mamá

Gracias por el amor incondicional que me diste mientras estuviste aquí en este mundo físico y todo el que continúas dándome desde el otro lado. Tu comunicación a través de señales, médiums y cualquier otra forma que encuentras para llegar a mí no deja de asombrarme. Gracias por enseñarme la verdad sobre la vida después de tu muerte. No podría haber escrito este libro sin ti. Esto es para ti, mi coautora en espíritu, hasta que nos volvamos a encontrar.

Agradecimientos

Mientras me sentaba frente al ordenador para escribir esta sección, vi una pluma blanca posada en la manga de mi jersey, así que debo empezar agradeciendo a mis ángeles y guías por hacer notar siempre su presencia en mi vida y por proporcionarme un flujo de señales y sincronicidades que he podido compartir en este libro. Gracias por ayudarme a entender cómo os comunicáis para que pudiera enseñárselo a otros.

Mamá, que también me dijo una vez a través de un médium que me deja plumas, te dedico este libro porque sin ti, no sería el libro que es hoy. Gracias por hacerme sentir siempre tu presencia, incluso después de veinte años al otro lado, y por ayudarme a entender la verdad sobre la vida, el universo y mi lugar en él desde tu perspectiva superior. Te quiero. Te echo de menos. Y sé que estarás allí con los brazos abiertos cuando llegue el momento de reunirme contigo algún día.

Desde el fondo de mi corazón, gracias Amy B. Scher por presentarme al mejor agente literario que existe, Steve Harris, y por tu apoyo al responder todas mis preguntas sobre la propuesta del libro y el proceso de escritura. Eres un ángel terrenal para mí, por no mencionar mi experta de referencia en sanación energética. Y, por supuesto, Steve Harris, por creer en mí como autora y apoyarme en cada paso de este proceso. Eres otro ángel terrenal enviado desde arriba.

Gracias a Angela Wix, mi editora de proyectos en Llewellyn Worldwide, por creer en este libro desde el principio, por tus increíbles habilidades de edición y por todo tu apoyo.

A mi amiga Kathy Morawski, diseñadora gráfica y la mujer más guay que conozco, nuestro encuentro hace años fue preparado por el universo, y ahora todavía sigues apoyándome y trabajando conmigo para hacer realidad todos mis sueños e ideas locas de forma creativa. Gracias por leer todo el manuscrito antes de que lo enviara para la primera ronda de edición y por animarme siempre.

Ana Rodrigues, sin ti no habría comenzado *Elevated Existence Magazine* y no estaría en el camino en el que estoy hoy, otro encuentro destinado por el universo. Gracias por ser la brillante diseñadora gráfica que eres, por crear la revista conmigo desde cero hace años y por empujarme siempre a seguir adelante.

A toda mi familia, los mencionados en el libro y los que no, gracias por mostraros siempre abiertos a mis historias sobre señales y sincronicidades y por compartir vuestras propias experiencias conmigo para que pudiera compartirlas con otros. Juntos estamos cambiando vidas.

Y a mi marido, Ryan: gracias por creer siempre en mí, incluso cuando me cuesta creer en mí misma. Gracias por preparar la cena para que pudiera escribir un poco más por la noche, por montarme un despacho en el sótano para que pudiera tener un santuario donde ser creativa –y un espacio de meditación separado para liberarme y recargar energías–, y gracias por todo tu amor y paciencia. Esperé treinta y ocho años para encontrarte en esta vida, y mereció la pena.

Y finalmente, gracias a todos mis estudiantes y a ti, lector de este libro. Gracias por confiar en mí para ayudarte en este viaje y por todas las increíbles historias de señales y sincronicidad que compartís conmigo. Este libro es para todos y cada uno de vosotros.

Sólo hay dos maneras
de vivir la vida.
Una es como si nada
fuera un milagro.
La otra es como si
todo fuera un milagro.

ALBERT EINSTEIN

Introducción

¿Cómo cambiaría tu vida si supieras que todo en ella –lo positivo y lo aparentemente negativo– está sucediendo por tu bien mayor? ¿Y si pudieras encontrar pruebas de esto en tu propia vida y conectar con el número infinito de recursos elevados que están esperando para ayudarte con cada desafío, no sólo para guiarte en la dirección correcta, sino también para reorientarte cuando tomas un camino equivocado?

No existen los accidentes ni las coincidencias. Sólo hay circunstancias y eventos cuyo significado en nuestras vidas aún no hemos descubierto. Al aprender a descubrir y entender las señales y sincronicidades que nos envían el universo y nuestros ángeles, guías y seres queridos en espíritu, podemos reforzar nuestra fe, vivir con más alegría y experimentar la vida como una serie de milagros en lugar de un caos aleatorio que causa sufrimiento.

Estás a punto de embarcarte en un viaje que cambiará tu vida, y es mi honor y privilegio ser tu guía. Sé que abrirte a las señales y la sincronicidad cambiará tu vida porque cambió la mía, y he visto cómo ha cambiado las vidas de los estudiantes y clientes con los que trabajo cada día. Es probable que hayas elegido este libro porque crees en las señales y la sincronicidad, y te gustaría ser más consciente de ellas en tu vida. Te entiendo perfectamente. La comunicación con el universo y tus seres queridos que han fallecido hace la vida más mágica. Te ofrece orientación cuando estás perdido, seguridad cuando vas por el camino correcto, fe en que todo en la vida tiene un propósito y confirmación de que nunca estás solo. Creo que proporciona un poco de certeza en este mundo tan incierto, y la comunicación con tus seres queridos que han fallecido te demuestra que la vida ciertamente continúa cuando dejas este cuerpo físico y regresas a tu verdadero hogar con Dios o la Fuente. Tus seres queridos no se han ido. Ven y saben todo lo que sucede en tu vida, y te des cuenta o no todavía, constantemente intentan hacerte saber que están cerca.

En mis formaciones sobre señales y sincronicidad, normalmente me encuentro con personas que me dicen que nunca reciben señales pero desearían recibirlas, aquellos que reciben algunas pero las cuestionan, y aquellos que reciben algunas pero quieren más. Ten por seguro que, sin importar en qué categoría te encuentres, este libro te ayudará. Además, es importante recalcar que no tienes que ser un vidente o médium ni tener ningún entrenamiento intuitivo para empezar a recibir comunicación del universo y de tus seres queridos en espíritu. Lo sé porque empecé a recibir señales y sucesos sincrónicos en mi vida mucho antes de empezar intencionadamente a abrir mis habilidades intuitivas. No soy una vidente o médium practicante, y la mayoría de las personas con las que trabajo tampoco lo son. Por tanto, tú puedes lograrlo, te lo aseguro.

La realidad es que el universo y tus ángeles, guías y seres queridos ya se están comunicando contigo. Te están enviando señales y creando sincronicidades todo el tiempo. Simplemente, o no eres consciente de ellas o las calificas como coincidencias diciendo cosas como: «¡Debe de ser mi día de suerte!», cuando aparece de la nada una solución a un problema. Pero, como dijo Albert Einstein: «La coincidencia es la forma que tiene Dios de permanecer en el anonimato».[1] Detrás de cada

---

1. Siegel, *Love, Medicine & Miracles*, 214.

coincidencia o día afortunado, encontrarás a tus ángeles y guías, al universo y a tus seres queridos trabajando en tu favor para que tu vida en este mundo físico sea más fácil y alegre. Nunca se supuso que debías afrontar esta vida solo, y aunque a veces pueda parecer que lo estás, te aseguro que no es el caso. Estás guiado, protegido y amado más allá de lo que puedes imaginar, y cuando comienzas a ver pruebas de ello conectándote con el universo y descubriendo las señales que te envían, no puedes evitar que la forma en que miras la vida y tu lugar en ella cambie para mejor.

Ya estás conectado

Tienes una conexión espiritual inherente con el universo, Dios, la Fuente, el Espíritu o un poder superior; no importa cómo lo llames, siempre que sepas que está ahí trabajando a tu favor en todo momento. Nunca puedes desconectarte de él. Siempre estás conectado. Sin embargo, si la conexión no se cuida, puede volverse débil y desenfocada con el tiempo. Esto ocurre cuando nos dejamos atrapar por el caos de la vida diaria y olvidamos hacer de nuestra conexión con una fuente superior una prioridad. En lugar de conectarnos con el flujo infinito de alegría, amor y gratitud que emana de esta fuente divina, nuestros pensamientos comienzan a estar dominados por el miedo y la preocupación. Con el tiempo, la conexión empieza a desgastarse como el cargador de tu móvil cuando los cables comienzan a sobresalir del plástico. La corriente sigue fluyendo, pero puede que tengas que colocarlo de una manera específica para que cargue.

Cuando tu conexión con el universo es fuerte, las señales y sincronicidades fluyen sin esfuerzo en tu vida, y las reconoces y entiendes fácilmente cuando llegan. Puede producirse una comunicación bidireccional entre tú y el universo, y entre tú y tus seres queridos en espíritu. Sabes que puedes pedir ayuda en cualquier momento y que el universo siempre responderá, y siempre será para tu bien mayor. También sabes que, pase lo que pase en tu vida, siempre estarás a salvo. Fortalecer esta conexión no es difícil y no requiere un retiro de dos semanas en el que subas una montaña para meditar. Hay pequeñas acciones que puedes realizar cada día para volver a sincronizarte con el universo y mantener esta conexión. Las comparto a lo largo de este libro, y no sólo te ayudarán a abrirte y percibir las señales que se te envían, sino que también te ayudarán a calmar el caos de tu vida, sentir más alegría y atraer a tu vida más de lo que deseas en lugar de lo que no quieres.

Cómo usar este libro

Los ejercicios de este libro te ayudarán a expandir tu conciencia y abrirte a los milagros de las señales y las sincronicidades, tanto si eres alguien que nunca ha recibido una señal de un ser querido o ha experimentado una sincronicidad, como si ya recibes señales y quieres más. Éste no es un libro donde sólo leerás historias sobre las experiencias de otras personas con señales y sincronicidades, aunque utilizo algunas historias para ilustrar lo que enseño. Este libro está diseñado para mostrarte cómo descubrir y entender las señales y las sincronicidades en tu propia vida. Creo que puedes leer todas las historias inspiradoras del mundo y saber que las señales y sincronicidades existen, pero para comprender realmente el poder milagroso de esta comunicación, tienes que experimentarlo por ti mismo.

He dividido el libro en dos partes. La parte 1, una introducción a las señales y la sincronicidad, te llevará a través del papel que estos regalos del universo están destinados a desempeñar en nuestras vidas, las formas comunes en que se manifiestan y cómo distinguir quién podría estar enviando la señal. Esto te ayudará a entender mejor el lenguaje que el universo y tus seres queridos al otro lado utilizan para comunicarse contigo, incluso hay un ejercicio para activar el flujo de señales hacia ti. También aprenderás varias formas de reducir el caos en tu vida para que puedas ser más consciente de las comunicaciones sutiles que llegan, algo esencial no sólo para recibir señales y sincronicidades, sino también para abrir tu intuición, manifestar lo que deseas e incluso sanar el cuerpo. La parte 2, los cinco pasos para activar el flujo, te proporcionará mi proceso en cinco pasos con todas las herramientas y orientación necesarias para alinearte con el universo y las señales que fluyen hacia ti.

Te recomiendo encarecidamente que comiences por el primer capítulo y leas el libro de principio a fin en lugar de saltar directamente a la parte 2, aunque sé que es tentador. He estructurado el libro de esta manera porque la parte 1 proporciona la base que necesitas para sacar el máximo provecho del proceso de cinco pasos y los ejercicios de la parte 2. También te sugiero que realices cada ejercicio a medida que aparezca en el libro, ya que se construyen uno sobre otro. Si prefieres leer todo el libro primero y luego regresar a los ejercicios, también funciona. Además, encontrarás un apéndice al final del libro con un cronograma de ejemplo para incorporar muchas de las técnicas y ejercicios en tu día a día. También hay un segundo apéndice con una lista de arcángeles, maestros ascendidos y muchos más, junto con las áreas en las que se especializan, para que puedas consultar a quién recurrir en diferentes aspectos de tu vida.

A lo largo del libro, verás que me refiero a tus seres queridos fallecidos como si estuvieran en espíritu, al otro lado o como si hubieran partido. Todas éstas son referencias al más allá o a la vida después de la muerte. En ocasiones, nombraré a tus ángeles, guías y seres queridos, y en otras simplemente usaré el término «universo» para ser más breve. Sólo ten en cuenta que cuando menciono «universo», estoy incluyendo todas estas referencias, incluso si no las nombro individualmente.

El proceso de cinco pasos

En la parte 2, te guiaré a través de mi proceso de cinco pasos para sincronizarte con el universo. Cada uno de los pasos son bloques de construcción para abrir tu conciencia y conectarte con las señales y sincronicidades que te rodean, e incluirá una variedad de consejos, técnicas y ejercicios que te ayudarán en el camino. Éste es el desglose:

1. Establecer tu intención
2. Decir que sí
3. Notar
4. Capturar
5. Vibración elevada

Comienza estableciendo una intención clara para ti mismo y para el universo, de modo que puedas comenzar a ser más consciente de lo que te está comunicando, y luego comprometiéndote a decir que sí cuando las señales lleguen, en lugar de rechazarlas o racionalizarlas. (Sé sincero, ¿lo has hecho en el pasado, verdad?) Luego, te enseñaré diferentes técnicas para ayudarte a notar las señales cuando suceden, y a capturarlas para que no sólo recuerdes cada una, sino que también puedas mirar hacia atrás y encontrar más conexiones más adelante. Estarás creando tu propia guía de referencia de señales porque el universo y tus seres queridos a menudo se comunican contigo de formas únicas. El último paso en el proceso es muy importante, y consiste en aprender a elevar (y mantener) tu vibración y tus niveles de energía intencionadamente para que tu mente consciente pueda percibir lo que fluye hacia ti. También trabajaremos en despejar algunos de los bloqueos que podrías tener para recibir señales al final de la parte 2.

Finalmente, antes de comenzar a leer el libro, consulta la sección de recursos en el enlace de abajo, donde podrás acceder a vídeos y audios adicionales que mejorarán tu experiencia con los contenidos y enseñanzas que ofrezco aquí. Quiero que disfrutes cada paso de este proceso porque para mí no hay nada más milagroso que recibir comunicación del universo y de nuestros seres queridos en espíritu. Abrirme a las señales y la sincronicidad cambió el curso de mi vida, y estoy emocionada de ayudarte a que suceda lo mismo contigo. Tus ángeles, guías, seres queridos y todo el universo te están esperando, ¡así pues, empecemos!

Recursos

Para mejorar el contenido proporcionado en este libro, he creado grabaciones de audio de las meditaciones que aparecen, así como vídeos sobre el test muscular y la meditación Kirtan Kriya, junto con algunos otros materiales adicionales para ayudarte a descubrir y entender las señales y sincronicidades en tu vida. Para verlos, entra en:
www.theuniverseistalkingtoyou.com

Parte 1

Introducción a las señales y la sincronicidad

Todo puede cambiar en cualquier momento, de repente y para siempre.

PAUL AUSTER

Capítulo 1

Cómo mi madre me enseñó la verdad sobre la vida después de su muerte

Sucedió dos días después de la Navidad de 1999 y el vigésimo primer cumpleaños de una amiga. El plan para celebrarlo incluía un viaje de dos horas y media hasta Atlantic City, Nueva Jersey, para probar suerte en las máquinas tragamonedas y asistir a un espectáculo de comedia. Tenía veintidós años, y esa temporada navideña era especial para mí. Después de luchar contra el trastorno alimenticio conocido como anorexia nerviosa, hacía poco que había comenzado a avanzar hacia la recuperación, tanto mental como física. Mi período había regresado después de haber sido diagnosticada con amenorrea, un efecto secundario de haberme privado de alimentos, bajando de un peso saludable de 52 kilos a unos esqueléticos 40, en un intento inútil de ganar control sobre mi vida. Mi madre lo llamaba un regalo de Navidad anticipado. Incluso la ansiedad y la depresión –las verdaderas razones por las que había recurrido a la comida como un medio de control en primer lugar– habían comenzado a disiparse.

Recuerdo haberle dicho a mi madre: «Puedo decir que estoy empezando a sentirme feliz de nuevo», y en la mañana de Navidad le di un gran abrazo y le dije: «Te quiero». A pesar del amor incondicional pero a veces abrumador que mi madre me demostraba a diario, no siempre nos decíamos esas palabras en voz alta, pero algo me impulsó a hacerlo esa mañana.

Antes de salir para la consulta de mi terapeuta en Atlantic City, me despedí de mi madre, que estaba en casa esa semana de vacaciones. Ambas estábamos de muy buen humor, riéndonos mientras nos probábamos nuestra ropa nueva de Navidad, y ella desfilaba con todos los zapatos que le había comprado. Siempre le encantó la moda y combinar sus conjuntos, zapatos y joyas, uno de sus rasgos que me los transmitió.

Después de la terapia, pasé por casa para ir a buscar algunas cosas antes de salir de nuevo, pero ella ya se había ido a visitar a una amiga. Estaba recuperándome de un resfriado y encontré una nota suya junto a una botella de jarabe para la tos, recordándome que tomara un poco antes de salir. Esto era muy típico de ella. Solía despertarme en medio de la noche con medicinas si tenía fiebre para que no subiera mientras dormía. Tomé el jarabe, cogí mi bolso y salí para pasar un día divertido con mi amiga.

Esa noche, el espectáculo de comedia terminó tarde. Sabiendo que mi madre se preocuparía, paré en un teléfono público para llamarla y avisarle que pronto estaría en casa. Pero en lugar de la voz de mi madre, un hombre contestó el teléfono. Inmediatamente colgué y volví a llamar, asumiendo que había marcado mal el número. Fue entonces cuando escuché a mi primo decir:

—Tammy, soy Joey. No cuelgues.

Y en ese instante, mi vida cambió para siempre.

—Tu madre ha tenido un accidente de coche –dijo.

—¿Pero está bien? –pregunté.

Todo lo que pudo decir fue:

—No lo sabemos.

Seguí preguntando una y otra vez, desesperada por obtener una respuesta tranquilizadora, pero no podía dármela. Realmente no lo sabía. Nadie lo sabía. Colgué con las lágrimas resbalando por mis mejillas y le dije a mi amiga:

—Le ha pasado algo a mi madre. Tengo que volver a casa.

Ese viaje de dos horas y media de regreso a casa pareció durar días, y lo único que podía hacer era mirar por la ventana, con las lágrimas bajando por mi rostro, mientras le suplicaba a Dios que la salvara. No podía llevarse a mi madre. No a mi madre. ¿Cómo podría sobrevivir sin ella? Me aferré a mis raíces católicas y comencé a rezar el rosario. Por alguna razón, no podía desprenderme de la sensación de que esto era peor de lo que mi primo me había explicado. Algo en mí sabía que había algo más.

Me aferré a mis oraciones con la esperanza de que sirvieran, y para cuando llegamos a casa, era casi la una de la madrugada. Recuerdo caminar hacia la puerta de entrada sin siquiera darme cuenta de que la calle estaba llena de coches de amigos y familiares. Al cruzar la puerta y entrar en nuestra sala de estar, fui recibida de inmediato por una multitud. Parecía una fiesta. Había gente en la sala y el comedor, y podía oler a café recién hecho en la cocina. Pero eso no era una fiesta.

Recorrí la habitación con la mirada, y todos los ojos que encontré –de tías, tíos, primos y amigos– tenían una expresión vacía. Eso no podía ser bueno.

—Alguien me dice de una vez qué c*** está pasando –dije mientras mi tía Neva, mi primo Joey y mi padre me llevaban arriba a la habitación de mis padres–. Tras cerrar la puerta, me hicieron sentar en la cama. Era peor de lo que había imaginado. Mi madre había tenido un aneurisma cerebral. Estaba inconsciente en la cama de un hospital de Nueva York, y los médicos no sabían si alguna vez iba a despertar.

Se había desmayado inicialmente en casa de su amiga. Cuando recuperó la conciencia y descubrió que su amiga había llamado a una ambulancia, cogió inmediatamente su bolso y salió corriendo de la casa. Siempre había tenido miedo a los médicos y debió asustarse al saber que venía una ambulancia. Una vez en el coche, se desmayó de nuevo y cruzó el jardín de alguien hasta chocar contra un poste telefónico. Según el informe policial, cuando llegó la ambulancia, estaba inconsciente y tumbada en el asiento delantero. La llevaron a un hospital local en Nueva Jersey donde recuperó la conciencia una última vez, lo suficiente para darles su información del seguro y del médico, y el teléfono del trabajo de mi padre. Les dijo: «No sé qué ha pasado, simplemente me he mareado», y luego cerró los ojos por última vez. Cuando los médicos se dieron cuenta de lo que realmente estaba pasando, la trasladaron a la unidad neurológica del Hospital Columbia Presbyterian en Nueva York. Mi familia fue inicialmente al hospital en Nueva York, pero luego volvieron a casa para esperar a que yo regresara de Atlantic City y no llegara a una casa vacía. En el hospital les dijeron que no podían verla aún y que los médicos no tendrían más información hasta la mañana siguiente.

Recuerdo estar sentada en el salón de mis padres con mi padre, mis tíos y mi primo, rodeados de todas las decoraciones navideñas que habíamos colocado con alegría y amor, intentando descansar un poco antes de volver al hospital sobre las 5 de la madrugada. Pensé en la maravillosa Navidad que habíamos celebrado sólo un par de días antes. Pensé en esa mañana y en la última vez que la había visto antes de que esto sucediera. ¿Sería esa la última vez que la vería con vida? Me aferré a un rosario que mi madre adoraba, un regalo de uno de sus compañeros de trabajo que había visitado Jerusalén, y lo hice como si pudiera tener poderes mágicos que lo arreglarían todo. Recé por ella. Recé por mí. Recé para que todo fuera una pesadilla.

A la mañana siguiente, todos condujimos hasta Nueva York y pasamos el día en la sala de espera del hospital, recibiendo informaciones periódicas de médicos que ofrecían pocas esperanzas. Me negué a entrar en la habitación del hospital para verla porque emocionalmente no podía soportarlo, y si éste era el final, no quería recordarla así. Los médicos explicaron que la hemorragia era tan masiva que estaban intentando controlarla lo suficiente para operarla, pero a las 8 de la tarde declararon muerte cerebral. Como familia, tomamos la decisión de desconectarla del soporte vital. Mi padre, mi tío y mi primo entraron en la habitación para estar a su lado mientras apagaban las máquinas, y yo me fui al baño a llorar. Allí me quedé mientras sollozos intensos y entrecortados surgían de mi pecho hasta el punto de ahogarme. Sentía como si algo dentro de mí estuviera apretando mi corazón, y era difícil respirar.

Entonces, de repente, paró.

Como si alguien hubiera vertido un cubo de paz sobre mi cabeza, me invadió una sensación de calma que inundó todo mi cuerpo, y el pensamiento «vas a estar bien, todo va a estar bien» llegó a mi mente. Las lágrimas cesaron. Los sollozos terminaron. Sentí como si mi madre estuviera en ese baño conmigo. Fue lo más extraño pero reconfortante que me había pasado nunca. Supe en ese momento que ya no estaba en su cuerpo y había cruzado al otro lado. Ésa fue su primera comunicación conmigo desde el más allá. Han pasado casi veinte años mientras escribo esto, y su comunicación nunca ha cesado.

La enterramos en Nochevieja. Mientras todo el mundo celebraba un nuevo siglo –y se preocupaba por el cambio de milenio, que supuestamente crearía estragos en los ordenadores y destruiría el mundo–, yo estaba sentada en el sofá del salón de mi tía sintiendo como si mi mundo ya hubiera terminado. Recuerdo mirar fijamente la alfombra marrón justo mientras entraba el año nuevo en la televisión. Estaba rodeada de amigos y familia, pero todo en lo que podía pensar era en que sólo tenía veintidós años, lo que significaba que probablemente me quedaban años y años de vida por vivir sin ella. Simplemente no veía cómo podría hacerlo. Afortunadamente, ella me mostró que no se había ido del todo.

Mi fundamento de fe

La fe era importante en mi familia, especialmente para mi madre. Creció con mi abuela Rose, quien era muy devota de la Virgen María. Transmitió esa fe a mi madre, quien nos la transmitió a mi hermana y a mí. Desde preescolar hasta octavo asistí a una escuela católica, donde nos ponían sanciones que se acumulaban hasta quedarnos castigadas por cosas como bajarnos los calcetines hasta los tobillos cuando estábamos a más de treinta grados sin aire acondicionado. En octavo completé un proyecto de estudio bíblico que era una enorme carpeta repleta de ensayos y comentarios. Durante mi infancia, mi madre y yo íbamos a misa todos los sábados a las siete de la tarde.

Pero yo era una niña que lo cuestionaba todo, incluida mi religión. Sigo siendo igual. Vuelvo locos a médicos, veterinarios, familiares o amigos con preguntas sobre casi todo. Pregúntale a mi marido, le encanta eso de mí. (¡No, no le encanta!) No lo hago con mala intención. Siempre he buscado respuestas, y hasta que no entiendo algo completamente, sigo preguntando. De pequeña, recuerdo preguntarle a mi madre cosas como: «¿Cómo sabes que los católicos tienen razón en lo que creen y las otras religiones están equivocadas?» o «¿ Todos los que no creen en Jesús están *realmente* condenados al infierno por toda la eternidad?». Nunca obtuve respuesta o al menos ninguna que me satisficiera. Tampoco tuve buenas respuestas sobre Santa Claus o cómo podían volar los renos. Al crecer, me fui alejando de mi fe poco a poco hasta que esas misas de los sábados por la noche se convirtieron en un ritual donde mi madre se iba sola de casa, gritando, mientras salía por la puerta, que iba a rezar por todos nosotros que no asistíamos a misa.

Estoy agradecida por la fe con la que crecí y que me tomé muy en serio de niña. Aunque he evolucionado más allá de las enseñanzas y creencias que aprendí de pequeña, sé que la profunda fe y las visiones espirituales que tengo hoy se construyen sobre los cimientos establecidos desde el principio. Hoy en día, todavía respeto muchos de los maravillosos preceptos de la fe católica, incluyendo las oraciones y la devoción de mi familia a la Santísima Virgen. De hecho, tengo figuras suyas en mi sala de meditación junto a las del arcángel Miguel y de Buda, y a menudo la invoco pidiendo ayuda. También agradezco la creencia que me inculcaron de niña de que nuestra alma va al cielo, y que los que han fallecido velan por nosotros. Ya no veo el cielo como algo «allá arriba», sino como un lugar que existe a nuestro alrededor, y creo que nuestros seres queridos pueden estar sentados justo a nuestro lado aquí en la tierra si así lo desean.

Durante mi infancia, mi madre también creía que nuestros seres queridos fallecidos podían enviarnos señales, y recuerdo particularmente cuando hablaba sobre visitas en sueños y el uso de canciones en la radio. Una vez me dijo que la canción «Holes in the Floor of Heaven» de Steve Wariner sonó mientras conducía, y simplemente supo que era una señal de su madre. Yo sólo tenía cinco años cuando mi abuela falleció, así que crecí con la creencia de que ella velaba por mí, y creo que esto, junto con la creencia de mi madre en las señales, me preparó para estar más abierta a recibir señales después de su muerte. Todo era parte del plan del universo para mi camino y propósito en esta vida, estoy segura de ello.

Mi madre también estaba abierta y sentía curiosidad por la comunicación con el más allá a través de un médium. Una amiga de mi hermana Gina trajo el libro *Lecciones desde la luz* de George Anderson a nuestra casa y se lo mostró a mi madre sólo unos meses antes de que muriera. La amiga explicó cómo Anderson podía comunicarse con seres queridos fallecidos, y en ese momento, mis dos abuelos por parte de mi madre habían fallecido. Recuerdo estar sentada en el salón de la casa de mis padres y mi madre diciendo que le encantaría saber de sus padres, pero que esto probablemente era más para personas que no tuvieron la oportunidad de despedirse o que sufrieron una tragedia inesperada.

Fue un extraño presagio de los acontecimientos, ya que ella murió casi seis meses después sin despedida ni cierre. Visto en perspectiva, esto fue sólo otra preparación del universo para presentarnos a George Anderson, quien jugaría un papel importante en nuestras vidas y nos conectaría con nuestra madre después de su muerte.

Un mundo completamente nuevo

Poco después de que mi madre muriera, parecía que George Anderson aparecía por donde fuera que mi hermana y yo miráramos. Las cadenas por cable emitían programas especiales sobre él y su capacidad para comunicarse con los fallecidos. Una cadena de televisión en horario de máxima audiencia incluso emitió un programa donde hacía lecturas a desconocidos que quedaban impresionados por su innegable precisión. En un especial, incluso lo conectaron a una máquina para estudiar sus ondas cerebrales mientras hacía una lectura. Luego apareció en Nueva Jersey para un evento en vivo. Después mi hermana lo escuchó en una entrevista de radio. Me llamaba constantemente, diciendo: «¿Ves? Aquí está otra vez. Mamá sabía de él antes de morir. Creo que está intentando llamar nuestra atención. Tenemos que pedir una cita». Ya habíamos empezado a recibir señales de mi madre, incluyendo visitas en sueños y canciones en la radio, tal como su madre solía enviarle a ella. Las canciones «I Hope You Dance» de Lee Ann Womack y «Angel» de Sarah McLachlan eran dos que nos hacían pensar en ella y siempre sonaban cuando pensábamos, hablábamos de ella o enfrentábamos a dificultades. Creíamos que la aparición repetida de George Anderson también era una señal.

En ese momento, pensaba que George era la única persona en la Tierra que tenía la capacidad de comunicarse con los fallecidos. Esto fue antes de los días en que los médiums tenían programas de televisión y la conexión con los fallecidos era más común. Vi todos sus programas especiales, leí su libro y no podía negar que, realmente, estábamos oyendo hablar muchísimo sobre este hombre desde que mi madre murió. Pero seguía siendo escéptica. Lo buscamos en Internet y descubrimos que estaba dando sesiones en Long Island (Nueva York), no lejos de donde vivíamos. Mi hermana finalmente me convenció para pedir una cita, y creo que parte de mí cedió porque si ella iba sin mí y realmente se conectaba con mi madre, me enfadaría muchísimo por no haber estado allí.

Así fue cómo una Virgo escéptica como yo lo manejó todo. Era el año 2000, así que los pagos en línea aún no existían. Para reservar una cita tenías que imprimir un formulario y enviarlo por correo. Aproveché esa oportunidad para asegurarme de que George no tuviera ninguna información para poder buscar detalles sobre mi madre o alguien de mi familia, e hice lo que cualquier persona dubitativa haría: mentí. Envié el formulario usando el nombre y dirección de una amiga y el número de teléfono del trabajo de otra amiga. Finalmente, recibimos una carta diciendo que teníamos una cita programada para octubre, que era diez meses después de su muerte. Mi cuñado nos llevó a Long Island.

Cuando llegamos al hotel, una asistente nos condujo a una sala de conferencias y nos sentamos en un pequeño sofá frente a George, quien desprendía una cálida calma. Pusimos una cinta de casete para grabar la sesión y luego nos sentamos a esperar que comenzara.

«Por favor, sólo digan *sí*, *no*, o *lo entiendo*», nos instruyó. «No me den demasiada información porque quiero obtener la información de los espíritus del otro lado».

Aceptamos, y en los siguientes tres minutos mi vida cambió de nuevo. George explicó que una presencia femenina había entrado en la habitación (mi madre), seguida por un hombre y otra mujer, que resultaron ser mis abuelos.

«La señora que entró primero viene a ti como mamá», dijo, señalando a mi hermana. «Pero espera, también viene a ti como mamá», dijo, mirándome. «Os abraza a ambas con amor». Luego miró a lo lejos y dijo: «¿Ah, sí?», y volvió a mirarnos, diciendo: «Ella ha dicho que sois sus hijas, y éste es mi problema porque le estoy diciendo que "no son familia" y ella me ha dicho: «Creo que conozco a mis hijas».

Si hubieras conocido a mi testaruda madre italiana, sabrías que esto sonaba exactamente como ella hablaba. Supongo que el pelo rubio de mi hermana y mi pelo moreno lo despistaron porque dijo que no parecíamos estar emparentadas. En este punto ambas empezamos a llorar y continuamos haciéndolo durante toda la sesión. Su precisión me dejó atónita mientras compartía mensajes de mi madre abordando cosas que nunca había dicho en voz alta a nadie y que sólo había pensado en soledad. De hecho, no sólo transmitió el fuerte vínculo que mi madre y mi abuela tenían con la Virgen María, sino que, al final de la sesión, nos pidió que esperáramos porque tenía algo que darnos. Caminó hasta el fondo de la sala y sacó algunas cosas de una bolsa, diciendo: «Ahora sé por qué compré esto el otro día. Sabía que debía tener que ver con una lectura próxima».

Le entregó a mi hermana un cuadro enmarcado de la Virgen, diciendo: «Tu madre dice que necesitas más símbolos religiosos en tu casa y que cuelgues esto en algún lugar». Nos reímos porque era cierto, y ella lo había dicho antes de morir. Luego nos entregó a ambas estampas de oración con la Santísima Virgen y la Novena al Inmaculado

Corazón de María que mi madre solía rezar. Estábamos atónitas y enormemente agradecidas a este hombre. Todavía lo estamos hoy.

Esa lectura me abrió la puerta a un mundo completamente nuevo, un mundo donde había pruebas de que sólo el cuerpo físico muere. Un mundo donde había pruebas de que el alma y el espíritu viven. Seguía queriendo a mi madre de vuelta a su cuerpo y aquí conmigo –creo que todos anhelamos eso cuando un ser querido deja este mundo físico– y lloré intermitentemente durante tres días porque sentí que la había perdido de nuevo ahora que la lectura había terminado. Pero esto era realmente un nuevo comienzo, y no un final en absoluto. Un cambio había ocurrido dentro de mí, y sabía que mi vida nunca sería la misma. También sabía que quería compartir lo que había descubierto y continuaba aprendiendo en mi nuevo viaje espiritual. Ocho años después, creé *Elevated Existence Magazine* para empezar a hacerlo.

Cómo conseguir a Deepak Chopra

Cuando me entrevistan o cuento mi historia sobre cómo empecé *Elevated Existence Magazine* y debuté con el autor superventas y maestro espiritual Deepak Chopra en la portada, la primera pregunta que me hacen es: «¿Cómo diablos conseguiste a Deepak Chopra en la portada para tu primer número? ¡Eso es increíble!». Tienen razón. Fue increíble, y también fue el universo quien lo preparó para mí, un paso sincrónico tras otro. De hecho, conseguir a Deepak Chopra en la portada del primer número de la revista fue cuando empecé a notar la sincronicidad en mi propia vida porque me di cuenta de cómo todo se alineó perfectamente para mí. También fue cuando me di cuenta de que realmente no hay accidentes en este universo. Sólo hay eventos o circunstancias a las que quizás aún no les hemos encontrado significado, y eso incluye las circunstancias positivas y aparentemente negativas en nuestras vidas. Todo nos está guiando en la dirección hacia nuestro bien más elevado, incluso cuando no lo parece.

Voy a explicarte cómo conseguí a Deepak Chopra en la portada de la primera edición de *Elevated Existence Magazine* para que puedas ver cómo un evento aparentemente aleatorio tras otro se conectaron para llevarme a ello. Todo empezó con Wayne Dyer, a quien descubrí a través de su especial en la televisión pública llamado *El poder de la intención*. Había empezado a escuchar sus programas semanales de radio en Hay House Radio, y durante un episodio mencionó a Deepak Chopra y el hecho de que el Centro Chopra tenía una sede en Nueva York. En ese momento, trabajaba como editora para una revista en la ciudad, así que lo busqué en Internet. Vi que la sede de Nueva York iba a convocar un retiro llamado «Salud perfecta» donde habría clases de meditación. Aunque había hecho mis pinitos, aún no había tenido ningún entrenamiento formal en meditación. Estaba emocionada por el retiro pero dudaba en asistir sola. Había estado en muchos viajes de negocios sola, pero esto lo veía diferente, y no estaba segura de si debía gastar dinero en ello.

Unos días después, recibí un correo electrónico de alguien –no del Centro Chopra– en el que se ofrecía 400 dólares de descuento en cualquier curso del Centro Chopra. Inmediatamente sentí escalofríos por la espalda. Llamé a una amiga, diciendo: «No sé por qué, pero siento que alguien quiere que asista a esto». Me inscribí y asistí al retiro de cuatro días, donde recibí tratamientos de spa ayurvédicos y aprendí meditación del sonido primordial, que me proporcionó mi propio mantra personal basado en la hora y fecha en que nací, y también practiqué yoga. Al final del retiro, me sentía renovada y sabía que quería poder asistir a más eventos como ése y sumergirme en el mundo espiritual donde estaba encontrando tanto consuelo y esperanza. También sabía que quería trabajar por mi cuenta para poder tener más tiempo libre que las típicas dos semanas de vacaciones al año para perseguir esta nueva pasión. De hecho, la idea de trabajar por mi cuenta surgió en una de las meditaciones grupales durante el evento.

Inicialmente pensé que podría convertirme en escritora *freelance* a tiempo completo para poder hacer mi propio horario, o incluso tener una carrera profesional trabajando para una revista espiritual, pero en 2007 no se publicaban muchas revistas espirituales. Las que encontré estaban en California, Arizona o Colorado, y no quería mudarme. En enero de 2008, un año después de asistir al retiro del Centro Chopra, me sentía cada vez más infeliz en mi trabajo y anhelaba unir mi experiencia en escritura y revistas con mi viaje espiritual. Le estaba explicando esto (vale, quejándome) a una compañera de trabajo, quien despreocupadamente dijo: «¿Por qué no creas tu propia revista y la pones en línea? Todo está en línea hoy en día».

«¿Crear una revista?», pregunté. «¿Estás loca? ¿Quién soy yo para crear una revista? ¿Quién la leería? No creo que pueda hacer eso».

Me recordó que llevaba diez años en la industria de las revistas en ese momento y se ofreció a hacer el diseño gráfico. Inicialmente me reí y volví a mi escritorio. Pero, de nuevo, algo cambió en mí, y no podía sacarme la idea de la cabeza. Empecé a pensar en nombres, a investigar en tecnología y a concebir ideas para columnas en mi revista. Cuanto más me permitía soñar con ello, más quería hacerlo. La idea empezó a volverse cada vez menos loca y cada vez más emocionante. En marzo de 2008 había creado Elevated Existence LLC y registrado el nombre.

Sabía que tenía que conseguir a alguien increíble para la primera portada para que me tomaran en serio las personas que conocieran la revista, y después de una pequeña investigación, descubrí casualmente (no, por supuesto) que el Centro Chopra tenía un «Fin de semana de Renovación» programado en Nueva York en abril de 2008. Deepak Chopra hablaría en el evento, y tracé un plan para asistir y cubrir el evento para la revista, citando a los oradores y resumiendo sus enseñanzas, incluyendo a Deepak Chopra. Sólo necesitaba una foto suya para la portada.

En el evento, hablé con algunos de los coordinadores, les explique que estaba empezando una revista en línea y que mi cobertura del evento sería la primera historia de portada. Pregunté con quién podía contactar para conseguir una foto digital de alta resolución de Deepak para usar en la portada y, aunque estoy bastante segura de que pensaban que estaba loca, me dieron el nombre y el correo electrónico de alguien con quien podía contactar en el Centro Chopra en California. Varios correos quedaron sin respuesta, pero me negué a rendirme. Sabía que tenía que haber una manera de conseguir esa foto, y entonces se me ocurrió: podía contactar con la directora del spa en el Centro

Chopra en Nueva York, a quien había conocido durante el retiro el año anterior. Estaba segura de que me recordaría.

En mi hora del almuerzo, me subí a un vagón de metro en Greenwich Village con mi membrete de Elevated Existence recién impreso en mano y fui al Centro Chopra en Midtown Manhattan. Me dijeron que la directora del spa estaba en una reunión, así que pregunté si podía dejarle una nota. Rápidamente escribí en el membrete explicando quién era, qué estaba haciendo y qué necesitaba. Se lo dejé a la chica de recepción y me dirigí al Starbucks de al lado por un macchiato de caramelo antes de tomar el metro de vuelta al trabajo. Justo cuando estaba añadiendo un toque de canela encima de la espuma, mi teléfono móvil sonó. Era la directora del spa.

Le expliqué lo que deseaba: «Sé que no soy el *New York Times* ni la revista *Time*, pero tengo una empresa de verdad, asistí al evento y ya escribí el artículo. Solo necesito una foto para la portada». La directora del spa prometió llamar a la sede de California por mí, y cuando volví a sentarme en mi escritorio esa tarde, tenía varias opciones de fotos en mi bandeja de entrada.

¿Puedes ver cómo se conectan todos los puntos en esta historia? Descubrir a Wayne Dyer me llevó a Deepak Chopra y al Centro Chopra de Nueva York. Recibir el cupón de descuento por correo me llevó a pasar a la acción y asistir al retiro Salud perfecta. Ese curso y aprender una práctica formal de meditación me ayudaron a decidir que quería trabajar por mi cuenta y perseguir una carrera vinculada a la espiritualidad y el desarrollo personal. Cuando nada funcionaba, mi compañera de trabajo sugirió la idea de crear la revista. Deepak Chopra daba una conferencia en Nueva York solo un mes después de que iniciara mi empresa y buscara el tema de portada para mi primer número. Mi asistencia al evento del año anterior en el Centro Chopra, que me puso en este camino de crear mi propia revista, me dio la conexión que necesitaba para conseguir una foto de Deepak Chopra para la portada. Todo esto ocurrió durante más de un año, pero encaja perfectamente. No tenía ni idea cuando asistí a ese retiro en 2007 que al año siguiente estaría creando mi propia revista, y menos aún que conseguiría a Deepak Chopra para la primera portada. Pero el universo sí lo sabía. Todo estaba perfectamente dispuesto para mí. Y te aseguro que hay muchas conexiones en tu vida donde las cosas se desarrollan de manera similar. De hecho, te enseñaré en este libro cómo conectar todos los puntos.

Comencé *Elevated Existence Magazine* con el deseo de compartir lo que estaba aprendiendo para crear más paz, alegría y significado en mi vida. Desde que empecé la revista, he conocido a muchos maestros espirituales y celebridades maravillosas e inspiradoras, incluyendo a la fallecida Louise Hay y Wayne Dyer, así como a Marianne Williamson, Brian Weiss, Gregg Braden, Melissa Etheridge, Alanis Morrissette, Olivia Newton-John, Fran Dresher y Shirley MacLaine.

Descubrí muchas formas únicas de aplicar lo que estaba aprendiendo en mi propia vida –incluyendo la creación de nuevas herramientas que funcionaron para mí– y, finalmente, me di cuenta de que además de compartir las enseñanzas de otros, necesitaba empezar a compartir también mis propios puntos de vista únicos. La respuesta ha sido abrumadora, especialmente en el tema de las señales y la sincronicidad. Y aquí estoy ahora enseñándotelo a través de este libro, así que, obviamente, el universo tenía más planes para mí de los que pensé originalmente cuando lancé ese primer número con Deepak Chopra.

Pero así es como funciona para todos nosotros. Puede que no sepamos exactamente dónde acabaremos después, pero las señales y la sincronicidad pueden ayudarnos a navegar en la incertidumbre con menos miedo y más fe. Lo que me ha ayudado enormemente es saber lo guiada que estoy y que, pase lo que pase, todo me está llevando hacia mi bien mayor. Al final de este libro, tú también te darás cuenta de esto en tu propia vida.

Sintoniza con la presencia de los milagros y, en un instante, la vida puede transformarse en una experiencia deslumbrante, más maravillosa y emocionante de lo que podríamos imaginar. Ignórala, y una oportunidad se habrá perdido para siempre.

DEEPAK CHOPRA

Capítulo 2

La magia de las señales y la sincronicidad

Sin duda habrás oído hablar de la sincronicidad, pero ¿comprendes realmente qué es, cómo funciona y por qué es tan mágica? Incluso si nunca has recibido una señal de un ser querido o del universo, seguramente habrás escuchado a otras personas hablar de ello. Pero ¿eres consciente de que todos las recibimos, y que ese «todos» te incluye a ti? Tanto la sincronicidad como las señales son regalos que nos concede el universo, y no están reservados para unos pocos elegidos o para aquellos con un don psíquico. Están disponibles para todas y cada una de las personas en este mundo físico y están destinados a ayudar a nuestra alma a navegar por esta existencia temporal como ser humano. El universo, nuestros seres queridos al otro lado, los ángeles y nuestros guías utilizan las señales y la sincronicidad para comunicarse con nosotros, dirigirnos, guiarnos e incluso reconducirnos cuando nos hemos desviado del camino correcto.

En algunos casos, nuestros guías y seres queridos al otro lado nos ayudan como parte de su trabajo y de su propio crecimiento espiritual. No creo que dejemos de crecer y evolucionar después de hacer nuestra transición fuera del cuerpo físico; es sólo que tomar un cuerpo humano y experimentar la vida en el mundo físico nos ayuda a avanzar mucho más rápido porque ¡aquí es mucho más difícil! El otro lado, adonde nuestras almas regresan después de la muerte física, es puro amor y paz en comparación con el contraste y el dolor que experimentamos aquí como seres humanos. Estas creencias se basan en lo que me han contado una y otra vez amigos que son médiums y de entrevistar a tantos médiums destacados para la revista a lo largo de los años, todos los cuales obtienen su información de las almas que han transitado al otro lado. La parte desafortunada de este rompecabezas es que muchas personas no comprenden el poder que tienen estos regalos de señales y sincronicidad, ni cómo reconocerlos y entenderlos cuando llegan. Como resultado, estos presentes permanecen sin desenvolver, y la alegría, la tranquilidad y la guía que nos proporcionan quedan sin reclamar.

Sin embargo, la culpa no es nuestra. Nunca nos enseñaron a reconocer o comprender la manera en que el universo y nuestros seres queridos se comunican con nosotros. No es como si fuera una asignatura optativa que pudieras elegir en el instituto junto a las opciones de Robótica o Francés. Para la mayoría de nosotros, no es hasta que maduramos y empezamos a anhelar más significado en nuestra vida –haciendo preguntas más profundas y explorando nuestros sistemas de creencias– que comenzamos a darnos cuenta de que esta comunicación es posible. Para mí, el catalizador hacia una espiritualidad más allá de la religión fue la muerte de mi madre. Para otros, es el diagnóstico de una enfermedad, un divorcio u otra experiencia que altera la vida lo que les envía a una búsqueda. Algo te trajo a este libro, y eso significa que estás listo para aprender el lenguaje del universo y de tus seres queridos al otro lado. No te preocupes si no has reclamado los regalos que te enviaron en el pasado; el universo y tus seres queridos, guías y ángeles están ahora mismo esperando para enviarte más. Confía en mí, están encantados de que estés leyendo este libro y dispuesto a abrirte a ellos. Recuerda, quieren ayudarte, y es tu derecho divino aceptar su ayuda.

En este capítulo explicaré por qué las señales y las sincronicidades son tan importantes cuando se trata de crear una vida más feliz y más conectada espiritualmente. También compartiré cómo la comunicación con nuestros ángeles, guías y seres queridos al otro lado es realmente como una calle de doble sentido. No tenemos que esperar a que ocurran las señales y la sincronicidad; podemos pedir activamente consejo y orientación y, después, anticipar su llegada.

¿Qué es la sincronicidad?

El psiquiatra y psicoanalista suizo Carl Jung acuñó el término «sincronicidad» en la década de 1920 como parte de su trabajo como psicólogo analítico. La palabra describe la experiencia de dos o más eventos que están relacionados de manera significativa, aunque los eventos no tienen por qué ser exactamente simultáneos en el tiempo. En otras palabras, puedes descubrir sincronicidades que ocurren y se conectan en un mismo día, semana o mes, pero también pueden estar separadas por años y seguir estando significativamente relacionadas. Jung llamó a estos eventos «coincidencias significativas», donde un evento no causaba realmente el otro, pero aun así estaban conectados.[1]

Por ejemplo, cuando estaba en la universidad, trabajaba a tiempo parcial como recepcionista para un quiropráctico por las tardes. Los dueños contrataron a una nueva empleada el verano antes de mi último año, y ella cometía muchos errores y me los dejaba para que yo los arreglara. Con el tiempo surgió fricción entre nosotras, y fui muy infeliz trabajando allí. Me estaba especializando en inglés escrito, y como era tan infeliz, decidí buscar un trabajo a tiempo parcial diferente que me proporcionara experiencia en el campo de la escritura. En ese momento no tenía ni idea de qué quería hacer con mi título en escritura, pero sabía que escribir me resultaba fácil. Además, lo disfrutaba y era buena en ello.

---

1. Jung, *Sincronicidad,* 10.

Empecé a buscar en el periódico local –así es como uno encontraba trabajo en 1998– y descubrí una empresa editorial de revistas que buscaba un asistente editorial a tiempo parcial no lejos de donde vivía. Decía que los estudiantes universitarios eran bienvenidos, así que solicité el puesto, me entrevistaron y conseguí el trabajo. Un año después, al graduarme, me ofrecieron un puesto a tiempo completo como editora asistente. Así fue como empecé mi carrera en el mundo de las revistas, y todo comenzó porque me volví muy infeliz en un trabajo anterior.

Rastreemos la sincronicidad que ocurrió durante más de un año. Primero, después de trabajar durante tres años para el quiropráctico, y estar muy feliz allí, una nueva contratación cambió la dinámica. Esto me empujó a buscar otro trabajo, uno que me ayudara a encontrar un empleo en escritura después de graduarme. Resultó que había una editorial local buscando contratar a un estudiante universitario a tiempo parcial, y conseguí el trabajo. Luego me ofrecieron un puesto a tiempo completo cuando me gradué, así que, cuando la mayoría de los graduados universitarios estaban buscando trabajo, yo ya tenía uno esperándome. Esto me dio la experiencia que necesitaba para conseguir un trabajo mejor pagado y un mejor título en una nueva empresa al año siguiente, y allí fue donde conocí a la mujer que ahora es la directora artística de *Elevated Existence Magazine*. Pasaron años entre que busqué ese trabajo inicial y creé la revista, pero todo está conectado. Los eventos están todos significativamente relacionados, y todos me llevaron a donde estoy hoy.

Toda esa agitación para buscar un trabajo nuevo fue algo angustioso y frustrante, pero estaba destinado a ser así. Era la fricción que necesitaba para empujarme hacia delante y hacia mi futuro en la industria de las revistas. Cuando atravesamos desafíos que nos perturban, es difícil entender por qué está sucediendo o qué hicimos para causarlo o merecerlo. Pero a menudo nos está empujando a actuar y a movernos en una dirección donde algo aún más asombroso está esperando. Así es como funciona el universo, y es por eso que digo que incluso las situaciones en nuestra vida que parecen negativas son realmente para un bien mayor.

Además de rastrear eventos sincrónicos durante un año o incluso varios años, también pueden ocurrir en un lapso mucho más corto. Digamos que decides que quieres empezar a practicar yoga, y buscas en línea un estudio cerca de tu casa. Decides inscribirte, y esa noche te llama una amiga y menciona que casualmente (aunque no lo es, por supuesto) investigó el mismo estudio de yoga la semana anterior. Hacéis planes para ir juntas, y ahora es más probable que mantengas la práctica porque os tenéis la una a la otra para asistir a clase y podéis manteneros mutuamente responsables. Eso es el universo reforzando a las dos que estabais en el camino correcto y debíais añadir yoga a vuestra vida. Además, os emparejó para que pudierais ayudaros a asistir a las clases.

La sincronicidad nos muestra que nada es casualidad o coincidencia. Las personas que conoces, las ideas que te llegan o las soluciones que cruzan tu camino, los lugares a los que vas, todo te está llevando a alguna parte. Todo es para tu beneficio. No, no siempre lo parece. De hecho, generalmente no lo parece cuando los eventos se están desarrollando ante ti. Pero el universo y tus ángeles y guías realmente te están conduciendo y guiando y, si les das suficiente tiempo, el significado generalmente se presentará por sí mismo.

¿Qué hay de las señales?

A diferencia de la sincronicidad, que son dos o más eventos que se conectan de alguna manera, una señal es a menudo una sola ocurrencia. ¿Se repiten algunas señales de manera sincrónica? Sí. Pero muchas se mantienen por sí solas, y el universo las utilizará para darnos una respuesta o despertarnos a algo a lo que deberíamos prestar atención para nuestro bien mayor. Por ejemplo, digamos que estás teniendo un mal día. Tal vez estés discutiendo con tu pareja o simplemente te sientes solo y sin amor. Decides ir a dar un paseo por un parque cercano y sigues un camino que normalmente no sigues. Mientras caminas, ves «eres amado» escrito en el suelo con tiza y sientes escalofríos en los brazos mientras tus ojos se llenan de lágrimas. Ésa es una señal destinada a consolarte. Ha habido tantas veces que me he encontrado con una forma de corazón al azar en el suelo o en la comida, y tomo todas y cada una como una señal de amor. Suelo publicarlas en las redes sociales. He compartido cuando mi batata cortada por la mitad hizo un corazón perfecto y la vez que saqué una tortilla de arroz integral en forma de corazón del paquete donde el resto eran redondas. Te darás cuenta de que las señales están en todas partes una vez que empiezas a despertar a ellas.

En mi historia sincrónica del último capítulo sobre conseguir a Deepak Chopra para la revista, recibir un cupón en mi correo electrónico cuando estaba contemplando la idea de asistir al retiro en el Centro Chopra fue una señal para seguir adelante y reservarlo. Si estás pensando en ir a Italia en tus próximas vacaciones, y mientras estás navegando por Facebook, ves que alguien acaba de volver de allí y ha publicado fotos, ésa es una señal para investigar en el viaje, especialmente si nunca has visto a nadie publicar sobre Italia en todos los años que llevas en las redes sociales.

Mientras escribía este libro, mi primo me llamó para contarme sobre una «cosa extraña» que le sucedió al salir del edificio donde trabaja. Un tipo que salía detrás de él hizo una broma sobre que parecía del servicio secreto ya que llevaba traje y gafas oscuras. Mi primo le sostuvo la puerta, y el tipo se detuvo y dijo que tenía algo para darle. Le entregó una hoja de papel donde se leía «Una bendición» y siguió su camino. Era una nota mecanografiada pidiéndole que reconociera el poder de su alma y que recordara que no está solo. No había una firma ni el nombre de ninguna empresa. Era una simple bendición que ese hombre compartió con él porque le sostuvo la puerta. Insatisfecho con su situación laboral actual, era exactamente lo que necesitaba escuchar.

Nuestros seres queridos a menudo utilizan una sola señal para llamar nuestra atención, ya sea para transmitir un mensaje o simplemente para hacernos saber que están cerca. Recuerdo una vez que me sentía muy estresada y abrumada y, accidentalmente, pisé el teléfono inalámbrico que estaba en el suelo del dormitorio. Suspiré, molesta con el teléfono y conmigo misma por dejarlo allí. Pero cuando lo recogí, noté que mi pie había marcado los números 0509. Ése era el cumpleaños de mi madre: 9 de mayo. Supe inmediatamente que ella estaba cerca y me hacía saber que todo estaría bien. Profundizaré más sobre las señales y cómo aparecen en el capítulo 4.

Beneficios que cambian la vida

Ahora que sabes más sobre las señales y la sincronicidad, ¿puedes ver por qué me apasiona tanto este tema? Es verdaderamente transformador una vez que empiezas a ver el mundo a través de esta lente milagrosa. Cuando estás atravesando algo desafiante y tu vida se está agitando inesperadamente, puedes verlo desde una nueva perspectiva una vez que entiendes cómo funciona el universo, porque te das cuenta de que todo te está llevando a algún lugar para un bien mayor. Incluso si en el momento no tienes ni idea de por qué está sucediendo o hacia dónde te diriges, puedes mirar hacia atrás para ver la guía en tu pasado y saber que cualquier cosa que esté ocurriendo tiene un propósito. Cuando hoy me encuentro con obstáculos o me enfrento a un nuevo desafío, lo primero que siempre me viene a la mente son estas palabras: *No sé por qué está sucediendo esto, pero sé que hay una razón, y lo descubriré pronto. Sé que me está llevando a algún lugar bueno.*

Carl Jung conocía los beneficios milagrosos de las señales y la sincronicidad hace años, razón por la cual escribió y dio conferencias sobre ello durante su vida. De hecho, como psiquiatra, descubrió que cuando sus pacientes empezaban a notar las sincronicidades en sus vidas, comenzaban a progresar en la terapia donde antes no lo habían hecho.[2]

En uno de sus escritos sobre el tema, habló de una mujer a la que llamó «psicológicamente inaccesible». Le costaba conectar con ella hasta que la sincronicidad intervino. Mientras ella estaba en su consulta describiendo un sueño reciente donde alguien le daba un escarabajo dorado, que era una joya cara en aquel entonces, Jung de repente oyó

---

2. Jung, *Sincronicidad*, 23.

un ruido fuera de la ventana. Fuera vio un gran insecto golpeando el cristal como si intentara entrar. Abrió la ventana y, cuando entró volando, lo atrapó con la mano. Al darse cuenta de que era un escarabajo de color verde dorado, se lo entregó a la paciente, diciendo: «Aquí está tu escarabajo».

Esta experiencia la cambió por completo. «Entonces el tratamiento pudo continuar con resultados satisfactorios», escribió Jung.[3]

¿Por qué son las señales y la sincronicidad tan poderosas que reconocerlas puede ayudar a las personas a avanzar en terapia cuando antes no habían encontrado más que obstáculos? Nos demuestra que no estamos solos y que la vida no es aleatoria. Demuestra que hay una fuerza trabajando a nuestro favor, tratando de llegar a nosotros, para que nuestras vidas puedan ser más fáciles. Refuerza nuestra fe en el universo y en nuestro propio futuro, y nos permite enfrentar circunstancias inesperadas con confianza, sabiendo que todo lo que experimentamos en nuestras vidas nos está llevando a algún lugar bueno.

Vivimos en un mundo muy incierto. No es posible predecir con exactitud todo lo que nos espera, por más clarividente que uno sea. Cada día nos enfrentamos a la incertidumbre sobre lo que podría suceder a continuación, y esta forma de vivir es un caldo de cultivo para el miedo. Todos somos víctimas de ello en un momento u otro, y ésa es la forma habitual de navegar por la vida para muchas personas. Nos preocupamos por lo que viene después o por lo que podría no venir después. Tememos por nuestro propio futuro y por el futuro de aquellos que amamos. ¿Y si nosotros o ellos cometemos un error? ¿Y si nosotros o ellos tomamos un camino que lleva al dolor y la tristeza? Es tan fácil quedar atrapados, consciente e inconscientemente, esperando que ocurra la siguiente crisis o conflicto, lo que sólo crea más crisis.

Reconocer y comprender las señales y la sincronicidad puede proporcionar alivio de todo eso. Nos ofrece una dosis de certeza en medio de la incertidumbre. Nos ayuda a encontrar fe frente al miedo y proporciona tranquilidad cuando necesitamos seguir adelante. Es un sua-

---

3. Ibíd., 22

ve recordatorio de que no estamos solos en este mundo. Da significado a eventos que al principio pueden parecer sin sentido, y proporciona orientación cuando no sabemos hacia dónde dirigirnos después. Abre una forma completamente nueva de ver la vida y el mundo en el que vivimos, dándonos confianza en el futuro, sin importar lo que pueda cruzarse en nuestro camino.

Ejercicio

Un cambio de mentalidad

Antes de continuar, quiero que interiorices de verdad lo que te he estado diciendo hasta ahora: no estás solo. No existen las casualidades. Todo sucede por un bien mayor. Aquí tienes una nueva creencia que me gustaría que adoptaras ahora mismo para ayudarte a cambiar tu mentalidad y recordar que, incluso cuando no puedes encontrar significado en ciertas circunstancias y acontecimientos de tu vida, hay algo bueno en cada desafío:

Todo lo que ocurre en mi vida –lo positivo y lo que parece negativo– me está llevando a algún lugar para mi bien mayor. Todo está bien. Estoy a salvo.

Configura una alarma en tu móvil para que suene varias veces al día y te lo recuerde. Haz un cartel para colgar junto a tu cama para que lo veas nada más despertar y justo antes de dormirte por la noche. Pon una nota adhesiva en el espejo del baño con estas palabras. Escríbelo en las notas de tu móvil y míralo cada vez que el caos empiece a abrumarte o algo salga mal. Aunque ahora mismo estas palabras no te parezcan creíbles, te aseguro que al final de este libro lo serán.

Ayuda superior

¿Alguna vez te has sentido solo, incluso estando rodeado de gente? ¿Alguna vez has sentido que nadie te entendía o comprendía por lo que estabas pasando, o que no tenías a nadie que pudiera ayudarte a encontrar una solución a un desafío o problema? Bueno, tengo buenas noticias para ti: nunca estás solo. Incluso, cuando estás físicamente solo, no lo estás. ¿Por qué? Porque tienes un equipo de ángeles, guías y otras fuerzas a tu lado.

Todos y cada uno de nosotros tenemos un equipo completo de almas superiores disponibles para guiarnos, ayudarnos a tomar decisiones, llevarnos a las respuestas, protegernos y enviarnos amor y consuelo. Me gusta pensar en ellos como un consejo directivo espiritual, todos esperando en una gran sala de conferencias para ayudar con cualquier problema o desafío que surja. Todos tenemos nuestro propio consejo directivo espiritual disponible las veinticuatro horas del día, los siete días de la semana, y este consejo incluye a nuestros ángeles de la guarda, arcángeles, nuestros guías individuales (sí, todos tenemos los nuestros), seres queridos que han partido antes que nosotros (que en algunos casos pueden incluso ser uno de nuestros guías), y otros maestros y profesores ascendidos que forman lo que yo llamo nuestra sociedad del alma. Yo veo a este grupo como el conjunto de todas las almas del otro lado que nos asisten en nuestro camino de vida actual. Algunos puede que los hayamos conocido en esta vida. Otros podrían ser de una vida pasada o de una vida futura por venir. Y en algunos casos, puede que nunca nos encontremos con estas almas en el mundo físico, pero, aun así, han sido asignadas para ayudarnos. Por eso, los considero como nuestra sociedad del alma y los incluyo en mis oraciones para llamar a todos los que posiblemente puedan ayudarme. ¡Aunque yo no sepa quiénes son, ellos ciertamente lo saben!

Es este equipo de personas –ángeles, guías y seres queridos– quienes están enviando las señales y sincronicidades y ayudando a orquestar eventos para llevarnos donde debemos ir en esta vida. Pero la comunicación fluye en ambos sentidos. Sí, incluso cuando no se lo pedimos, nos están enviando señales e intentando llamar nuestra atención para que tomemos decisiones por nuestro bien. Pero hay momentos en que necesitan que pidamos específicamente para poder intervenir, y cuando nos acostumbramos a hacerlo, las señales y sincronicidades realmente se intensifican.

Lo importante que hay que saber sobre este consejo espiritual es que tenemos la capacidad de llamar a cualquier espíritu o alma, tanto si los conocimos en esta vida como si no, para que nos ayuden y se unan al consejo, ya sea para una estancia temporal o un puesto permanente. Por ejemplo, si estás trabajando en un invento o en la creación de algo nuevo, ¿por qué no invocar al espíritu de Benjamin Franklin o Albert Einstein? Si trabajas con ordenadores y necesitas ayuda para resolver un problema, llama al fundador de Apple, Steve Jobs. ¿Eres artista? Invoca a Pablo Picasso, Vincent van Gogh o Leonardo da Vinci. Si estás intentando sanar el cuerpo o cultivar el amor propio, la fallecida fundadora de Hay House, Louise Hay, sería un gran espíritu con el que trabajar y que se uniera a tu consejo. De hecho, Wayne Dyer confirmó esto después de su propia muerte, algo que descubrí cuando entrevisté a sus hijas Serena y Saje para un artículo de portada en la revista. Compartieron muchos mensajes que habían recibido de él desde su fallecimiento en agosto de 2015. Uno de los más importantes, y uno que les pidió específicamente que transmitieran a otros en su nombre, fue que él estaría ahí para cualquiera que lo llamara. No tenían que ser amigos o familiares para comunicarse con él, y todo lo que necesitaban hacer era pensar en él y allí estaría.

Además, si no sabes quiénes son tus guías individuales, no te agobies. Puedes invocarlos colectivamente para que te ayuden, que es como yo empiezo cada oración pidiendo ayuda *(véanse* ejemplos más abajo). También es importante señalar que puedes llamar a cualquier alma o espíritu que formara parte de cualquier religión o sistema de creencias, incluso si no sigues o practicas esa religión. Por ejemplo, si no te criaste como católico, aun así puedes invocar a san Judas, que es el patrón de los casos desesperados, o a san José, que es el patrón de los trabajadores. Si te criaste en la religión judía, puedes invocar al dios hindú Ganesha, que ayuda a eliminar obstáculos, o a la diosa de la fertilidad Rea para que te ayude a quedarte embarazada. La religión sólo existe en el mundo físico. Al otro lado del velo, todos somos uno y estamos conectados, lo que significa que estamos aquí para apoyarnos mutuamente.

Hace poco estaba dando una clase en línea y hablando sobre invocar ayuda superior como una de las formas de manejar el agobio y el estrés, así como de resolver un problema. Una de mis alumnas, fotógrafa, llevaba semanas intentando arreglar algo en una de sus cámaras. Recordó mis enseñanzas sobre la ayuda superior y llamó a George Eastman, el empresario estadounidense que fundó la Eastman Kodak Company, para que la ayudara. En menos de una hora después de pedir ayuda, de repente se le ocurrió probar algo que no había intentado antes, y funcionó. Había estado luchando durante semanas con esa cámara, y una oración le proporcionó la respuesta en una hora. Otra alumna que experimentaba problemas económicos después de recuperarse de un problema de salud decidió invocar a sus guías junto con la diosa Lakshmi, que es la diosa hindú de la prosperidad y la riqueza financiera. Poco después de pedir ayuda, todo el dinero que necesitaba para los dos meses siguientes de gastos de subsistencia apareció en menos de tres horas. Ése es el poder de invocar la ayuda superior.

Tu equipo está listo y dispuesto a ayudarte en cualquier momento; todo lo que necesitas hacer es pedir. Ya sea que estés luchando con un conflicto importante, como un problema de salud o la pérdida de un trabajo, o simplemente necesites ayuda en el momento para poner en marcha el quitanieves o el cortacésped (he pedido ayuda para ambas cosas), si la pides, la ayuda siempre llegará, y las respuestas te llegarán a través de señales y sincronicidad.

Sí, a veces es tan simple como que el cortacésped arranque de repente o que se te ocurra una idea, como le pasó a mi alumna con su cámara. Pero otras veces es a través de señales sutiles (o no tan sutiles) y acontecimientos sincronizados que nos guían en la dirección correcta. Por ejemplo, imagina que recibes un diagnóstico de salud y no sabes a dónde acudir. Llamas al arcángel Rafael, conocido como el ángel de la sanación, y al día siguiente te llama un amigo que conoce al médico adecuado para ayudarte porque curó a su compañero de trabajo con el mismo problema. O el título de un libro se cruza en tu camino dos veces en la misma semana y, cuando finalmente le echas un vistazo, te das cuenta de que es exactamente el enfoque que necesitas tomar para ayudarte a ti mismo. Podrías pensar: «Vaya, qué suerte», pero eso no es suerte. Es tu equipo espiritual de ángeles, guías y seres queridos trabajando. Cosas así suceden todo el tiempo, pero mucha gente ve estas señales y sincronicidades como una «coincidencia» o «el momento perfecto», sin darse cuenta de que son regalos y que nuestro consejo espiritual está trabajando horas extra para llegar a nosotros. A veces la ayuda llega sin que la pidamos, pero siempre llega cuando lo hacemos, y me gustan más las probabilidades de «siempre» que las de «a veces», ¿a ti no?

Cómo invocar ayuda superior

Mientras que el universo y nuestros ángeles y guías usan señales y sincronicidades para comunicarse con nosotros, también tenemos que ser más conscientes de cómo y qué les comunicamos, y necesitamos recordar que esta ayuda está disponible en cualquier momento. Aunque nos proporcionan ayuda incluso cuando no la pedimos, tender la mano para pedir ayuda conscientemente empieza a crear más diálogo entre tú y el universo. Esto también te ayudará a ser más consciente de las respuestas cuando lleguen porque, una vez que pides, estarás esperando conscientemente una respuesta. Para una lista de arcángeles, maestros ascendidos, diosas, santos y otras fuerzas, junto con sus especialidades, consulta el apéndice 2.

¿Cómo sabes cuándo invocar ayuda superior? Siempre hay un momento adecuado para hacerlo, pero aquí tienes algunos ejemplos que podrías incorporar a tu rutina diaria:

Por la mañana: Cuando empiezas tu día invocando ayuda superior, te preparas para tener más éxito. Uso una Oración matutina *(véase* capítulo 6) para llamar a mis ángeles y guías cada mañana, pedir ayuda para reconocer sus respuestas y compartir cosas específicas con las que pueda necesitar ayuda ese día. Notarás una gran diferencia en tu día cuando lo empiezas así.

Por la noche: Agradéceles todo lo que han hecho por ti ese día y pide ayuda con cualquier cosa nueva que haya surgido o que sepas que te espera mañana. Terminar tu día con gratitud es poderoso para tu vibración y estado de ánimo, y puede cambiar los pensamientos de preocupación por lo que va mal por pensamientos que celebren lo que va bien.

En un momento concreto: Cuando llegas tarde al trabajo, el coche no arranca, el móvil no se enciende, necesitas una plaza de aparcamiento en el supermercado, estás discutiendo con un amigo o familiar, o simplemente te sientes abrumado, es momento de invocar ayuda superior. Cada vez que te enfrentes a un desafío, necesites ayuda para encontrar una solución a algo, o simplemente quieras que algo salga bien, párate un minuto, invoca la ayuda y luego sigue adelante. Cuando empieces a hacer esto, te sorprenderán los resultados que obtengas y te preguntarás por qué demonios no lo has hecho desde siempre.

Antes de un evento: Además de invocar ayuda en medio de un problema real, también puedes invocarla antes de entrar en una situación que crees que podría ser desafiante. Puede ser una entrevista de trabajo, una reunión importante en el trabajo, una cita con el médico o una reunión familiar donde podrías ver a alguien que suele provocarte o molestarte. Pide fuerza para enfrentar la situación y que te permita saber qué hacer o decir, y que todo salga bien y por el bien de todos los involucrados.

Invoca a los ángeles y guías de un amigo o ser querido en su nombre: El poder de la oración es asombroso cuando se hace en nombre de otra persona. De hecho, hay estudios científicos sobre esto, y los resultados son increíbles. Por ejemplo, un estudio realizado en Seúl *Corea,* examinó los efectos potenciales de la oración en las tasas de embarazo en mujeres sometidas a transferencia de embriones por fecundación in vitro. Ni las pacientes ni los profesionales de la salud sabían nada de las oraciones que estaban haciendo grupos en

Estados Unidos, Canadá y Australia. El estudio dividió a 219 mujeres en dos grupos: durante el período de tratamiento de cuatro meses, un grupo recibió oraciones mientras que el otro no. Los resultados mostraron que el grupo que recibió oraciones tuvo una tasa de embarazo más alta (50 % frente a un 26 %) y una tasa de implantación más alta (16,3 % frente a un 8 %).[4]

---

4. K. Y. Cha y D. P. Wirth, «¿La oración influye en el éxito de la transferencia de embriones por fecundación in vitro? Informe de un ensayo aleatorizado enmascarado» en The Journal of Reproductive Medicine, US National Library of Medicine (sept. 2001), www.ncbi.nlm.nih.gov/pubmed/11584476/

Ejercicio

Oraciones para solicitar ayuda superior

Las siguientes oraciones pueden utilizarse para invocar ayuda superior tanto para uno mismo como para otras personas. Estas oraciones pueden modificarse y adaptarse según sea necesario, y permiten establecer tus propias intenciones y solicitar ayuda específica, así como contar con todo el equipo disponible para ti. Éste es el formato que uso siempre que solicito ayuda superior para mí o para otras personas, y siempre funciona de maravilla.

Ayuda para ti

Querido Espíritu/Dios/Universo: Invoco a mis ángeles, guías, seres queridos que han partido y todos aquellos en mi sociedad espiritual –sólo aquellos de la más alta vibración– para que estén conmigo hoy/ahora mismo. También invoco a [aquí puedes invocar refuerzos específicos dependiendo de aquello con lo que estés batallando]. Estoy pasando un momento difícil con/necesito ayuda o asistencia con/necesito guía sobre [explica la situación]. Prometo estar abierto a las señales que envíes en cualquier forma que lleguen, ya sea una nueva idea, pensamiento, persona u oportunidad que se presente en mi camino. Por favor, ayúdame a hacerlo. Gracias de antemano por tu ayuda y asistencia en este asunto. Estoy verdaderamente agradecido. Amén.

Ayuda para otra persona

Querido Espíritu/Dios/Universo: Invoco a los ángeles de [nombre], sus guías, seres queridos que han partido y todos aquellos en su sociedad espiritual –sólo aquellos de la más alta vibración– para que estén con ellos hoy/ahora mismo. También invoco a [aquí puedes invocar ángeles específicos, maestros, etc., dependiendo de para qué estés pidiendo ayuda]. [Nombre] está pasando un momento difícil con/necesita ayuda o asistencia con/necesita guía sobre [explica la situación]. Por favor, ayuda a [nombre] a estar abierto a las señales que envíes en cualquier forma que lleguen, ya sea una nueva idea, pensamiento, persona u oportunidad que se presente en su camino. Por favor, ayúdalo a hacerlo. Gracias de antemano por tu ayuda y asistencia en este asunto. Estoy verdaderamente agradecido. Amén.

La próxima vez que estés preocupado por un amigo o familiar o veas a alguien que amas que lo está pasando mal, recuerda que esto es algo que puedes hacer. Puedes invocar a sus ángeles y guías en su nombre. Ni siquiera tienen que saber que estás enviando ayuda extra en su dirección. No subestimes este acto de amor que puedes dar a otra persona. También es gratificante ver cómo reciben ayuda y respuestas, incluso si no reconocen que proviene de una fuente superior, y esto también ayudará a fortalecer tu fe.

¿No es reconfortante saber que siempre estás guiado, incluso cuando no lo parece o no se siente así? Hay un significado detrás de las cosas que parecen carecer de sentido, y se nos envía orientación para ayudarnos en nuestro viaje, incluso cuando parece que estamos solos. Mi objetivo es ayudarte a recordar esto para que puedas encontrar más fe, felicidad y certeza mientras avanzas. El siguiente capítulo es una inmersión profunda en la sincronicidad, incluyendo las principales formas en que se manifiesta y un ejercicio divertido para que comiences a descubrirla en tu propio pasado.

Aprende a ver.
Date cuenta de que
todo está conectado
con todo lo demás.

LEONARDO DA VINCI

Capítulo 3

Detectar la sincronicidad

La sincronicidad está ocurriendo a tu alrededor y lo ha estado toda tu vida. Cada evento, cada persona que has conocido o cada angustia que has experimentado te ha llevado a donde estás ahora mismo, y todos tienen significado y propósito. Cuando comienzas a desenterrar estas pepitas de oro y a conectarlas entre sí, te darás cuenta de que tu pasado es una verdadera olla de oro. También ayudará a cambiar significativamente tu perspectiva sobre las circunstancias presentes y futuras hacia una más positiva y esperanzadora. He descubierto tres formas distintas en que la sincronicidad se manifiesta en nuestras vidas, y este capítulo te ayudará a familiarizarte con ellas para que puedas comenzar a detectarlas en tu propio pasado, presente y futuro. Éste es el siguiente paso para expandir tu conciencia y abrirte a estos milagros. Además, también compartiré contigo un ejercicio para que comiences a descubrir los que ya han ocurrido en tu vida.

Cómo detectar la sincronicidad

El universo a menudo utiliza la sincronicidad para comunicarse con nosotros en nuestra vida diaria, y he descubierto tres escenarios o temas como las formas más comunes en que se manifiestan. Éstos incluyen proporcionar tranquilidad, que es una manera de hacernos saber que estamos en el camino correcto; despertar y notar, ofreciendo suaves empujones para alertarnos sobre algo que será útil ahora o en un futuro cercano; y guía y dirección, que nos señalan el camino hacia nuestro bien mayor, preparándonos para el futuro.

Los dos primeros utilizan el mismo método para llamar nuestra atención: la repetición. Cuando ves algo que se repite en tu vida, ya sea un tema determinado, nombre de marca, tipo de médico, nombre de un médico, tipo de dieta, título de libro, autor o la misma secuencia de números, esto es siempre algo a lo que hay que prestar atención y llevar a cabo algún tipo de acción. He encontrado que muchas personas se preocupan por si están tomando la decisión correcta o eligiendo el camino adecuado, así que no actúan por miedo a equivocarse. Pero te aseguro que el universo está trabajando para ti las 24 horas del día, los 7 días de la semana y, si te diriges por el camino equivocado, simplemente te redirigirá. Siempre es mejor realizar una acción que no llevar a cabo ninguna, porque, cuando lo haces, permites que el universo continúe dirigiéndote hacia delante.

Si recibes el nombre de un médico dos veces en una semana de dos fuentes diferentes, entonces toma la acción de buscarlo en línea y pedir una cita. Tal vez ese médico no sea el adecuado para ti, pero terminas conociendo a alguien en la sala de espera que te recomienda algo más que puede ayudar. Si hubieras esperado para actuar, ese encuentro podría no haber ocurrido, ¡y entonces el universo tendría que encargarse de otra cosa para ti y esperar que actuaras en consecuencia! El universo nunca se dará por vencido contigo. Continuará enviándote el mismo mensaje hasta que lo entiendas. Y cuando no lo hagas, intentará una vía diferente. Veamos en detalle cada una de las tres formas en que se manifiesta la sincronicidad.

1: Proporcionar tranquilidad

¿Alguna vez te has preguntado si estabas tomando la decisión correcta sobre algo importante en tu vida? Tal vez estás pensando en mudarte a una nueva casa, aceptar una nueva oferta de trabajo, hacer un viaje a Hawái o comenzar una nueva dieta, y te preguntas si deberías hacerlo. ¿Es ese nuevo vecindario adecuado para ti? ¿Serás feliz en la nueva empresa? ¿Deberías gastar el dinero y tomar el tiempo libre para visitar Hawái justo ahora? ¿Es realmente la dieta paleo la adecuada para ti?

Es natural que cuestionemos nuestras elecciones y nos preocupemos por si podríamos estar yendo en la dirección equivocada. Pero, cuando podemos abrirnos a la guía disponible para todos y cada uno de nosotros –guía que creo que sabíamos que estaba allí cuando tomamos la decisión de encarnarnos en un cuerpo humano y emprender este viaje milagroso en la Tierra–, esta preocupación se disipa, y podemos sentirnos más seguros en las decisiones que tomamos. De hecho, incluso cuando permanecemos inseguros, podemos avanzar con la confianza de que, pase lo que pase, todo estará bien. El universo siempre está operando para nuestro bien mayor y nos redirigirá si tomamos un giro equivocado. Esta confianza se vuelve más y más fácil a medida que despiertas a estos milagros.

La primera forma en que la sincronicidad se manifiesta para nosotros es para ayudar en estos escenarios y proporcionar la seguridad de que estamos en el camino correcto. Lo veo como si el universo o nuestros ángeles y guías dijeran: «Hola, estoy aquí y te ayudo/animo. Avanza con fe en la dirección en la que te diriges». Aquí hay un ejemplo de cómo algo así se desarrollaría en tu vida diaria:

Últimamente has estado escuchando mucho sobre los beneficios para la salud de beber un batido verde por la mañana. La gente está publicando sobre este tema en las redes sociales, incluyendo personas que admiras y sigues, así que piensas para ti mismo: «Debería comprar una licuadora y empezar a añadir esto a mi rutina matutina». Pero aún no compras la licuadora. Esa semana entras en una librería y te diriges a la mesa de ofertas, que presenta libros sobre diversos temas. Mientras echas un vistazo, ves un libro titulado *101 Recetas de batidos verdes para transformar tu salud.* Y piensas: «Qué raro. Justo estaba pensando en los batidos verdes». Compras el libro y se queda en tu mesa de la cocina durante la siguiente semana.

Luego te sientas a ver televisión y, mientras cambias los canales, te encuentras con el documental *Gordo, enfermo y casi muerto* que narra el viaje de Joe Cross, quien utilizó los batidos para recuperar su salud, pasando de tener 45 kg de sobrepeso, depender de esteroides y sufrir una enfermedad autoinmune debilitante a estar feliz y saludable. De nuevo piensas: «Vaya, realmente debería empezar a beber estos batidos verdes». Unos días después, una amiga te llama y te dice que se ha comprado una licuadora nueva y se ha estado tomando una batido verde cada mañana durante la última semana con resultados increíbles. Le cuentas todas las cosas que han estado sucediendo y te comprometes a finalmente conectarte en línea y pedir esa licuadora. Y lo haces.

¿Puedes ver cómo el universo continuó dándote señales que te dirigían hacia el zumo verde en ese ejemplo? Cuando tenemos una idea que nos beneficiará y nos proporcionará una mayor salud, alegría, abundancia y amor, el universo se desvive para asegurarse de que actuemos en consecuencia. Seguirá poniendo señales ante nosotros para recordarnos y asegurarnos que hay algo que merece la pena perseguir. A veces, esas señales aparecen en el transcurso de semanas o incluso meses, y otras veces, pueden suceder el mismo día. De hecho, me han ocurrido en el transcurso de una hora, o incluso menos.

Por ejemplo, estaba trabajando en varios proyectos para mi negocio, y un día, mientras hacía recados, me encontré preocupándome sobre si estaba en el camino correcto centrándome en las cosas adecuadas en ese momento. Volví a mi coche para regresar a casa y miré el reloj. Eran las 4:44. Sé que el universo y nuestros ángeles se comunican con nosotros a través de los números, especialmente cuando vemos un número repetido, como el 11:11 o el 2:22. Rápidamente cogí mi teléfono y busqué el significado del 4:44. En la página web de Joanne Sacred Scribes encontré esto:

> El número 4 resuena con las vibraciones de los arcángeles... sabiduría interior, determinación, resistencia, trabajo duro y progreso.

También representa nuestra pasión y empuje, y nos anima a alcanzar nuestras metas y aspiraciones... El número de ángel 444 pide que prestes atención a tu intuición y sabiduría interior, ya que tu conexión con los ángeles y el reino angelical es muy fuerte en este momento. Se te anima a continuar en tu camino actual, ya que tu empuje y determinación te llevarán al éxito y la realización.

Además decía:

No tienes nada que temer en relación con tu vida, trabajo y propósito divino de vida y misión del alma... El número de ángel 444 trae un mensaje de que «todo está bien». Confía en que estás en el camino correcto de la vida y haciendo un gran trabajo.[1]

Este mensaje resonó profundamente en mí. Me di cuenta de que los ángeles sabían lo que estaba pensando y me habían dirigido a ese mensaje para que dejara de preocuparme y no dudara de mis decisiones, tal como había estado haciendo ese día. Arranqué el coche y me dirigí a casa, y justo cuando estaba entrando en el camino de la entrada, sonó en la radio la canción «Angel» de Sarah McLachlan, que habla de un ángel y de encontrar la paz. No sólo esta canción reforzó la idea de que los ángeles estaban conmigo, sino que también resulta ser una canción que mi madre suele usar para hacerme saber que está conmigo. ¡Era un mensaje doble!

2: *Despertar y notar*

Para muchos de nosotros, la vida se ha vuelto muy acelerada. Corremos a través de nuestros días, nos quedamos atrapados en las rutinas y ni siquiera miramos hacia arriba cuando caminamos porque estamos ocupados mirando nuestro móvil. Debido a esto, es muy fácil perderse las respuestas e ideas de nuestro alrededor que podrían ser

---

1. Joanne Sacred Scribes, «Joanne Sacred Scribes ANGEL NUMBER 444». 10 de septiembre 2011, sacredscribesangelnumbers.blogspot.com/2011/09 /angel-number-444.html

útiles o incluso cambiarnos la vida. Es por eso que el universo utilizará señales y sincronicidad para ayudarnos a despertar y notar las cosas importantes a las que no prestamos atención porque estamos demasiado ocupados con nuestro día a día. Yo lo veo como suaves empujones que nos dicen hacia dónde ir o qué hacer a continuación para nuestro bien y felicidad.

Al igual que en el último ejemplo, donde el universo usó la repetición para darnos una pista sobre un mensaje, lo mismo sucede aquí. A veces es una pista que cruza nuestro camino una vez y nunca volvemos a pensar en ello, y otras veces es algo completamente nuevo que nunca antes habíamos pensado o visto.

Un gran ejemplo de esto en mi propia vida ocurrió el verano de 2016. Estaba revisando libros y estaba leyendo uno que mencionaba la meditación Kirtan Kriya. Había oído hablar de esta meditación muchas veces en el pasado e incluso había leído una investigación científica publicada en el *Journal of Alzheimer's Disease,*[2] que explicaba que mejoraba el funcionamiento cerebral, la memoria y el estado de ánimo. Tomé nota mental para investigarlo más adelante.

Al día siguiente estaba en mi oficina revisando otra pila de libros enviados para reseñar cuando elegí uno al azar y comencé a mirar los capítulos. De repente, me encontré cara a cara con la meditación Kirtan Kriya, otra vez. «Vaya», pensé. «Realmente necesito investigar este tipo de meditación». Lo dejé y tomé el siguiente libro, que trataba sobre espiritualidad en los negocios. No parecía tener nada que ver con yoga o meditación. Abrí una página al azar, ¿y adivina qué apareció ante mis ojos? Una ilustración de la meditación Kirtan Kriya. Me quedé boquiabierta de incredulidad y mis ojos casi se salieron de sus órbitas mientras un escalofrío me recorría la espalda.

---

2. «Meditation and Music May Help Reverse Early Memory Loss in Adults at Risk for Alzheimer's Disease,» *Journal of Alzheimer's Disease*, www.j-alz.com/content /meditation-and-music-may-help-reverse-early-memory-loss-adults-risk-alzheimer%E2%80%99s-disease

«De acuerdo, lo entiendo», dije en voz alta al universo y a quien fuera que estuviera tratando de llamar mi atención. «Intentaré practicar Kirtan Kriya. De hecho, buscaré más información sobre ello ahora mismo».

Éstos son algunos de los beneficios que descubrí:

- Estimula las glándulas pineal y pituitaria para equilibrar la mente
- Los estudios muestran que mejora la memoria
- Mejora el flujo sanguíneo cerebral
- Mejora la química cerebral
- Ayuda a romper patrones mentales que nos frenan
- Aumenta la intuición
- Ayuda a liberar traumas pasados

Después de tres alusiones a la meditación Kirtan Kriya en veinticuatro horas –con dos ocurriendo con una diferencia de minutos– supe que era algo importante que debía hacer. Investigué la técnica de meditación, vi algunos vídeos en línea y luego me descargué una aplicación gratuita de temporizador Kirtan Kriya en mi móvil. Me enamoré de ella. Ahora la enseño a otros basándome en lo que he aprendido. De hecho, encontrarás cómo hacer la meditación en el capítulo 9, y puedes ver un vídeo que hice para guiarte en el enlace de la sección de recursos en la página 17.

Además de despertarnos a algo nuevo, a veces el universo usará la sincronicidad de esta manera para despertarnos y redirigimos cuando vamos en la dirección equivocada. Piensa en el universo como un GPS que te redirigirá si tomas un giro equivocado. Es por eso que realizar algún tipo de acción hacia delante es siempre mejor que quedarse quieto, porque incluso si la acción que llevas a cabo no es la perfecta, te conducirá al lugar correcto. Emprender una acción siempre nos llevará a donde queremos ir más rápido que no emprender ninguna.

Por ejemplo, ¿alguna vez has tenido una relación, ya sea romántica o de amistad, que sabías en tu corazón que no era saludable? La persona podría ser un vampiro energético, con quien después de pasar tiempo con ella o hablar por teléfono te sientes agotado y exhausto. Podría estar celoso de ti y hacerte sentir mal cuando te suceden cosas buenas, o impedirte avanzar en cosas que serían beneficiosas para ti porque no sería beneficioso para ella. Tal vez incluso te has alejado un par de veces pero sigues volviendo. Esto sucede tanto en relaciones románticas como en amistades, especialmente a aquellos de nosotros que somos empáticos y tendemos a absorber, la energía de otras personas o los ambientes que visitamos. Si estás en una situación que no es saludable para ti, el universo hará todo lo posible para ayudarte a salir de ese escenario de una vez por todas, y continuará intentándolo hasta que lo hagas.

He tenido relaciones así, y puedo pensar en una amistad en particular que cumplió un propósito muy importante en mi vida y fue beneficiosa en un momento concreto, pero que se había vuelto nociva para mí. Era agotadora y exhaustiva, sin embargo, cada vez que había una oportunidad de salir, volvía a abrir la puerta y dejaba que esta persona volviera a mi vida. Después de la segunda o tercera vez de volver a abrir la puerta, me vi forzada a cerrarla, y ahora sé que el universo tuvo un papel importante en que eso sucediera. Así es como fue todo.

Mientras enviaba mensajes a una amiga, quejándome de la persona con la que tenía una amistad poco saludable, «accidentalmente» le envié el mensaje a esa persona en lugar de a mi amiga. Pongo la palabra entre comillas porque sé que no existen los accidentes. Por suerte, no dije nada terrible en el mensaje, pero era evidente que estaba hablando de ella con otra persona, y se enfadó muchísimo. Me dijo que la amistad había terminado y que, a partir de entonces, bloquearía mis mensajes y llamadas.

En ese momento, estaba muy molesta y no podía creer que hubiera cometido semejante error. Sin embargo, sabiendo que todo sucede por una razón, dejé de pensar en ello y entregué la situación al universo. Diez meses después, estaba en la cocina fregando los platos, y una taza que había comprado tanto para mi amiga como para mí se resbaló del mostrador y se rompió en pedazos. No le di mucha importancia hasta el día siguiente, cuando recibí una carta suya por correo en la que se acercaba a mí con la intención de reanudar la amistad. En ese instante, supe que el hecho de que la taza se rompiera era la forma en que el universo me estaba diciendo que esa amistad realmente había llegado a su fin y que reabrir esa puerta sería un error para ambas. Así lo explica el dicho popular: «Cuando Dios cierra una puerta, abre una ventana». Una vez que esa amistad terminó, tuve más tiempo para dedicar a otras amistades y comencé a pasar más tiempo con mi mejor amiga del instituto, Sandi. Un par de semanas después del incidente con la taza rota, Sandi me presentó al hombre que se convertiría en mi marido.

3: *Guía y dirección*

El universo siempre nos está preparando para el futuro. No sabemos qué viene después, pero el universo y nuestros ángeles, guías y seres queridos del otro lado –donde no hay tiempo ni espacio– lo saben todo. A medida que se desarrollan los eventos en nuestra vida, no solemos notar cómo un evento o circunstancia se conecta con otro. La mayoría de las veces, estas conexiones sólo pueden verse mirando hacia atrás. A medida que comienzas a abrir tu conciencia y ver estas conexiones en tu pasado, comenzarás a tener más fe y paz en tu futuro, sin importar lo que te suceda, y también descubrirás las conexiones mientras se desarrollan en el futuro mucho más fácilmente.

El fundador de Apple, Steve Jobs, lo expresó de la mejor manera durante su discurso de graduación en la Universidad de Stanford en junio de 2005, cuando aludió a la sincronicidad y a cómo el universo siempre tiene un plan para nosotros:

> *No puedes conectar los puntos mirando hacia delante; sólo puedes conectarlos mirando hacia atrás. Así que tienes que confiar en que los puntos se conectarán de alguna manera en tu futuro. Tienes que confiar en algo: tu instinto, destino, vida, karma, lo que sea. Porque creer que los puntos se conectarán en el futuro te dará la confianza para seguir tu corazón, incluso cuando te lleve por un camino poco transitado, y eso será determinante.*[3]

---

3. Stanford University, «Text of Steve Jobs' Commencement Address (2005).» *Stanford News*, 12 de junio 2017, news.stanford.edu/2005/06/14/jobs-061505/

Una vez que comiences a conectar los puntos en tu propia vida –te mostraré cómo empezar a hacerlo con un ejercicio al final de este capítulo y otro en el capítulo 8–, no podrás volver a ver la vida ni los eventos que suceden en ella de la misma manera.

Por ejemplo, antes de la muerte de mi madre, hubo muchas circunstancias que ocurrieron para prepararnos a mí y a mi familia para su partida y nuestra capacidad para afrontarla. El mes antes de que muriera, mi terapeuta sugirió que llevara a mi padre a una sesión porque nunca tuvimos una relación cercana cuando yo era más joven. Solía bromear diciendo que no hablábamos hasta que llegué al tercer grado, pero la verdad es que no era muy hablador mientras yo crecía. Mi madre era quien mediaba entre nosotros y tomaba las decisiones en casa. Siempre era a ella a quien mi hermana y yo recurríamos para cualquier cosa.

Recuerdo lo incómoda que me sentí al pedirle que me acompañara a ver a mi terapeuta y también mientras duró el trayecto de media hora hasta la cita. Él era mi padre, y lo amaba, pero en cierto sentido lo sentía como un extraño. Había una distancia energética entre nosotros. Sin embargo, después de esa sesión, la energía realmente cambió. Me sentí más conectada con él, y la relación se volvió más natural. Por supuesto, no tenía ni idea de que un mes después de la muerte de mi madre viviríamos sólo él y yo juntos en casa, pero el universo sí lo sabía. Mirando hacia atrás, no fue casualidad que esa sesión sucediera exactamente en ese momento. Facilitó la transición a la vida sin mi madre, de quien mi padre dependía tanto como mi hermana y yo. Hoy, nuestra relación es mucho más cercana que antes, y todo comenzó con esa sesión.

Incluso el momento en que sufrí mi trastorno alimentario éste jugó un papel en la preparación para la muerte de mi madre. Mi lucha fue más intensa el año antes de su fallecimiento y, debido a mi miedo a la comida, a ganar peso y a sentirme fuera de control, me aislé mucho. No quería estar en situaciones sociales donde tuviera que enfrentarme a la comida o preocuparme por lo que la gente pensara de mí. En lugar de salir con amigos y socializar, como haría la mayoría de las chicas de veintiún años, pasé el tiempo con mi madre. De hecho, pasamos más tiempo juntas ese año que nunca. Veíamos películas, íbamos de compras, hablábamos y nos acercábamos más.

En realidad, estoy agradecida a mi trastorno alimentario por haberme concedido ese tiempo con ella antes de que se fuera, y por haberme llevado a un terapeuta que no sólo inició una nueva conexión con mi padre, sino que también me ayudaría enormemente a lidiar con la muerte repentina de mi madre. ¿Ves como todo encaja perfectamente en el tiempo adecuado?

Guiados hacia el amor

Te daré un ejemplo más antes de compartir un ejercicio para que empieces a descubrir estas conexiones en tu propia vida. Hace tres años, después de no salir con nadie durante un par de años, decidí a los treinta y siete años que era hora de abrir mi corazón a un nuevo amor. Abrí un correo electrónico de una amiga que me decía que se acercaba la Luna nueva y que para mi signo astrológico, Virgo, era perfecto para manifestar el amor. Se dice que las Lunas nuevas son los momentos ideales para establecer intenciones y manifestar lo que deseas, así que decidí realizar un ritual que establecería mi intención y traería un nuevo amor a mi vida.

En una noche nevada de febrero, hice una lista de todos los atributos que quería que tuviera mi chico perfecto, incluyendo el amor por los gatos, una mente abierta a mis puntos de vista espirituales, una familia que me quisiera y a la que yo quisiera, y alguien que me adorara tanto como yo le adorara a él. Hice una copia de la lista y la guardé para tenerla y poder mirarla en el futuro –algo que había aprendido al entrevistar a Arielle Ford para su libro *El secreto del amor*– y salí al porche trasero para poder quemar mi lista en una olla de cocción lenta antigua y liberar la intención al universo. Sí, has leído bien. ¡La quemé en una olla de cocción lenta en mi porche trasero! Lo hice y no pensé mucho en ello durante los meses siguientes.

Siete meses después, tras la persuasión de mi hermana, contraté a una *coach* de citas en línea. El paquete incluía una sesión de fotos profesional, ayuda para crear un perfil en línea en varias webs de citas y llamadas telefónicas semanales para revisar los resultados. Acababa de empezar el proceso y ni siquiera había publicado mis perfiles cuando, de repente, mi amiga Sandi me envió por mensaje una foto de un chico con una camisa roja, preguntándome si me parecía guapo. Resulta que un compañero de trabajo suyo había estado hablando de ese chico, Ryan, de vez en cuando durante meses porque Ryan era un buen amigo de su esposa. Cuando Sandi pidió ver su foto, pensó en mí y preguntó si estaba soltero.

Me pareció guapo y acepté que le enviara mi foto y número de teléfono. Pensé que, ya que estaba empezando este viaje de citas, bien podría intentarlo. ¿Y adivina qué? Ahora es mi marido, y cumplió con casi todos los elementos de esa lista. Fui a un par de encuentros a través de las webs de citas ya que había pagado a la *coach* y ella me animó a mantener mis opciones abiertas, pero cuanto más veía a Ryan y hablaba con él, menos deseos tenía de salir con alguien más. ¡Sólo me hubiera gustado que el universo hubiera podido arreglar esto para no haber malgastado dinero en la *coach*, pero fue un pequeño precio a pagar por el amor verdadero!

¿Por qué te cuento esta historia? Analicemos sus elementos clave para conectar los puntos:

- Mi amiga Sandi llevaba un año en su nuevo trabajo antes de presentarme a Ryan.
- Consiguió el trabajo porque una amiga de mi tía había mencionado que su empresa estaba buscando a alguien. Sabiendo que Sandi no era feliz en su trabajo, le habló de esa oportunidad. Si no fuera por mi tía o su amiga, Sandi podría no haber empezado a trabajar allí.
- Justo cuando establecí la intención de buscar activamente el amor y contraté a una *coach* de citas –lo que me abrió a la energía de buscar y encontrar un alma gemela–, Sandi pensó en mí cuando su compañero de trabajo mencionó a Ryan, aunque había estado hablando de él durante meses.
- Ryan estaba pasando por un divorcio, y en el momento en que hice mi ritual de manifestación, no habría estado preparado para una

nueva relación. El universo supo cuándo era el momento adecuado meses después.

Si ésta no es una prueba suficiente de que hay un orden secreto en nuestra vida y de que el universo sabe exactamente lo que está haciendo, entonces abróchate el cinturón porque no vas a creer lo que te voy a contar a continuación. Todo este escenario de encontrar el amor, en realidad, comenzó más de diez años antes de conocer a Ryan, y mi madre tuvo algo que ver desde el otro lado.

Cuatro años después de visitar a George Anderson, mi hermana oyó hablar de la médium Concetta Bertoldi que daba lecturas en su casa en Nueva Jersey. Todo el mundo la recomendaba, así que decidimos pedir una cita para que las dos tuviéramos una lectura juntas. Yo tenía veintiséis años en ese momento y acababa de terminar una relación romántica tumultuosa, así que al final de la lectura Concetta preguntó si teníamos alguna pregunta para mi madre. Quería saber qué pensaba ella sobre la relación en la que había estado. Después de compartir lo contenta que estaba de que ya no estuviera con ese chico, compartió detalles muy específicos sobre el hombre con el que me casaría algún día.

«Ella dice que sabrás quién es el hombre con el que te vas a casar algún día porque llevará algún tipo de uniforme», dijo Concetta, transmitiendo el mensaje de mi madre. «No tiene que ser un uniforme militar o de policía. Podría simplemente trabajar para el ayuntamiento o algo así, pero llevará un uniforme para trabajar. También trabajará con sus manos. Será muy manitas y podrá arreglar cosas en casa».

Poco después de conocer a Ryan, descubrí que trabajaba como ingeniero químico para una refinería que le exigía llevar un uniforme de pies a cabeza cuando trabajaba en ciertas condiciones. Y no sólo trabajaba con sus manos, sino que también tenía un negocio de reformas, remodelando cocinas, baños, sótanos, etc. Puede arreglar o construir prácticamente cualquier cosa y es increíble haciéndolo. Antes de conocerle, nadie con quien había salido encajaba con la descripción que ella me dio ese día.

Ahora es el momento de dar el primer paso en tu viaje para descubrir estos milagros en tu propia vida. Este ejercicio será una herramienta útil para ti de ahora en adelante, a mí y a mis estudiantes nos ha ayudado a descubrir muchas conexiones del pasado. Cuando empecé a mirar hacia atrás en mi propia vida e intentar conectar los puntos, una amiga me sugirió que hiciera una línea temporal de mi vida. ¡Empecé este ejercicio y no podía creer las cosas que descubrí!

Por ejemplo, sabía que mi madre antes de morir conocía al médium George Anderson y su libro *Lecciones desde la luz* porque la amiga de mi hermana lo llevó a casa de mis padres una noche, donde todos hablamos sobre él. Sin embargo, no fue hasta que empecé a trabajar en la línea temporal que me di cuenta de que su libro había sido publicado sólo seis meses antes de que ella muriera. Yo no tenía ni idea en ese momento de que mi hermana y yo iríamos hasta Long Island para una lectura con él para hablar con mi madre después de su fallecimiento, pero el universo sí lo sabía.

Ejercicio

La línea temporal de mi vida

Este ejercicio es el primer paso para empezar a descubrir sincronicidades en tu pasado, para que puedas empezar a conectar los puntos y te des cuenta de que todo en tu vida –tanto lo positivo como lo negativo– está sucediendo para tu bien final.

Empezando por el día en que naciste, escribe cualquier evento significativo en tu vida. Junto a cada evento, pon la fecha, el mes y el año, si puedes recordarlos. Los posibles eventos pueden incluir:

- Nacimiento de amigos y familiares
- Fallecimiento de amigos y familiares
- Cuándo conociste a amigos o compañeros de trabajo que fueron importantes para ti
- Cuándo terminaron las amistades
- Fechas de inicio y fin de relaciones románticas
- Graduaciones
- Comienzo o final de trabajos
- Encuentros con gente nueva
- Cualquier experiencia traumática
- Comienzo de un negocio
- Cambio de casa, ciudad, estado o país

Esta lista no tiene que hacerse en un solo período de tiempo. Puede ser un documento al que vuelvas de vez en cuando y rellenes con otros eventos según te vengan a la mente. Mientras repasas cada evento o hito de la lista, mira si puedes empezar a conectar los puntos entre ellos. Luego mantén esta lista a mano porque profundizaremos más con el ejercicio «Sigue las huellas» del capítulo 8.

Mientras leías este capítulo, ¿mis ejemplos han despertado algún recuerdo de tu propio pasado o te han ayudado a empezar a conectar los puntos que te llevaron a donde estás ahora? El ejercicio anterior te ayudará mucho con esto. Recuerda que al universo le encanta usar la repetición, así que empieza a prestar atención a las cosas que ves aparecer una y otra vez. En el capítulo siguiente, vamos a observar más de cerca las señales, incluyendo cómo el universo y tus ángeles, guías y seres queridos las usan para ayudarte, y te presentaré un ejercicio para impulsar el flujo de ellas en tu vida.

Sólo tienes que prestar atención; las lecciones siempre llegan cuando estás preparado y, si sabes leer las señales, aprenderás todo lo que necesitas saber para dar el siguiente paso.

PAULO COELHO

Capítulo 4

Señales por todas partes

Es a través de nuestros pensamientos y emociones que los acompañan que comunicamos al universo nuestros deseos y anhelos. También es así como creamos lo que vemos en nuestras vidas. Todo lo que te rodea –las circunstancias, situaciones y personas en tu vida– se basa en los pensamientos y sentimientos que emites cada día. Muchos maestros y autores de desarrollo espiritual y personal se centran en cambiar nuestros pensamientos porque, efectivamente, esto cambia nuestras vidas. Éstos son los fundamentos de la ley de la atracción, que se ha convertido en una ley bien conocida gracias a tantos maestros y recursos disponibles hoy en día.

Pero hay otra cara de la moneda. Mientras nosotros nos comunicamos con el universo a través de nuestros pensamientos y emociones, el universo también nos responde para proporcionar respuestas y soluciones, especialmente cuando pedimos ayuda. Uno de sus métodos principales para hacerlo es mediante el uso de señales. Nuestros seres queridos que han fallecido también utilizan señales para comunicarse con nosotros. Siempre están intentando hacernos saber que están cerca, ayudarnos a dirigirnos hacia nuestro bien mayor, y mostrarnos que saben lo que está sucediendo en nuestras vidas y que su amor continúa desde el otro lado.

En este capítulo voy a hablar sobre cómo las señales pueden manifestarse para nosotros, las formas comunes en que nuestros seres queridos se comunican con nosotros (no, no tienes que ser vidente o médium para recibir la comunicación), así como descifrar quién podría estar enviando la señal y el significado que hay detrás de ella. También te proporcionaré un ejercicio para ayudarte a comenzar.

¿Por qué usar señales?

Cuando nos comunicamos con el universo a través de nuestros pensamientos y emociones o pidiendo ayuda de forma directa, el universo inmediatamente se pone a trabajar para proporcionarnos las cosas que pedimos, ya sea que lo hagamos consciente o inconscientemente. Comienza a alinear oportunidades, personas y circunstancias para ayudarnos a lograr lo que deseamos, y utiliza señales para captar nuestra atención y alertarnos sobre las respuestas. Es nuestro trabajo reconocer esta ayuda cuando llega para asegurarnos de actuar en consecuencia.

Una señal puede venir como un nuevo pensamiento que de repente aparece en tu cabeza para hacer algo específico, como llamar a alguien que luego te lleva a una respuesta que estabas buscando, o como un correo electrónico invitándote a un evento donde conoces a alguien que puede ayudarte a encontrar un nuevo trabajo. Incluso la publicidad que alguien deja en el parabrisas de tu coche sobre una nueva tintorería ecológica que abre en tu zona, justo después de que estuvieras leyendo la noche anterior sobre las toxinas de la tintorería tradicional, es una señal. Todas están destinadas a dirigirte en tu camino. Si ignoras el pensamiento que aparece en tu cabeza, eliges no ir al evento del correo electrónico, o tiras el folleto de la tintorería al suelo y te subes al coche, te estás perdiendo las pistas y también las oportunidades a las que estas señales pueden llevarte después.

No me malinterpretes, como he dicho antes, el universo no se rendirá contigo. Seguirá enviándote señales y señales e intentando comunicarse. Por ejemplo, si ignoras el correo electrónico que te invita al evento donde alguien puede ayudarte a conseguir un nuevo trabajo, el universo organizará otra manera para que conozcas a esa persona o encuentres a alguien más que te lleve allí. Si ignoras o te pierdes esa oportunidad, lo intentará de nuevo. La esperanza es que con el tiempo sigas una de las señales y te muevas hacia la dirección que estás destinado a seguir. Pero esto retrasará tu avance en la dirección correcta y retrasará la felicidad que te espera cuando finalmente lo hagas. ¿Y quién quiere esperar más tiempo para recibir más alegría y el flujo de cosas buenas en nuestras vidas? Yo no, y me imagino que tú tampoco. Pero no tienes que esperar. Una vez que empiezas a reconocer las señales y actúas respecto a ellas con fe (que crece cuanto más las notas y actúas), no sólo la vida fluye más suavemente, sino que también empiezas a sentir el amor y la protección que el universo tiene para ti en todo momento. Creo que esto hace la vida mucho más hermosa y mágica. A continuación, te explico algunas de las razones por las que el universo utilizará señales para comunicarse con nosotros.

Proporcionar una solución o una respuesta

Cuando necesitas una solución a un problema o un desafío, el universo utilizará señales para dirigirte hacia la respuesta. Podría ser poniendo a la persona adecuada en tu camino, guiándote hacia el libro perfecto que puede ayudar, o colocándote a la distancia correcta para escuchar por casualidad una conversación en el supermercado. Esto sucede incluso sin que pidamos ayuda porque el universo y nuestros guías y ángeles siempre están trabajando en nuestro beneficio. Sin embargo, cuando empiezas a crear un diálogo con el universo y pides ayuda, recibirás y notarás incluso más.

Responder a tu petición

Hay momentos en los que específicamente llamarás a tus ángeles y guías, y para responder, utilizarán señales para llevarte a la respuesta o la ayuda que necesitas. Esto también es cierto cuando pides ayuda en nombre de otra persona. Por ejemplo, mi marido es un gran aficionado de MotoGP, que son las carreras de motos de Grand Prix, y hace un par de años decidió ir a una carrera en directo en Texas. No pudo encontrar a nadie que pudiera ir con él, así que reservó el viaje de cuatro días pensando que haría amigos mientras estuviera allí. Realmente tiene la increíble capacidad de hacer esto, por cierto. Entabla conversaciones con cualquiera y todos los que se cruzan en su camino. Yo quería que lo pasara bien, así que el día que se fue llamé a sus ángeles, guías y seres queridos del otro lado y pedí que lo mantuvieran seguro y protegido, así como que le ayudaran a encontrar personas con las que disfrutar de la carrera mientras estuviera allí.

La mañana de apertura de la carrera se despertó temprano y fue uno de los primeros en llegar a la pista. Llevaba una camiseta representando a su piloto favorito, Valentino Rossi, y era el único coche aparcado en el parking. Mientras esperaba a que abriera la pista vio que un coche había aparcado justo a su lado, aunque toda la zona tenía espacios de aparcamiento libres. Miró de reojo y vio que las personas dentro del coche también llevaban ropa de Valentino Rossi. Ellos también se dieron cuenta y entablaron una conversación. Resultó que este grupo se reúne cada año para ir a esta carrera específica, y no sólo le mostraron los alrededores de la pista, sino que incluso le dieron pases para entrar en la zona de boxes para conocer a los pilotos y conseguir autógrafos. Consiguió dos autógrafos de su piloto favorito, y ahora todos se reúnen cada año para la carrera. ¿Coincidencia? Por supuesto que no. Pedí que estuviera seguro, conociera gente y lo pasara increíblemente bien. El universo orquestó este encuentro para que pudiera hacer precisamente eso, y su señal fue la ropa de Valentino Rossi que todos llevaban. Sin eso, quizás no se hubiera detenido a charlar con ellos.

Confianza

A menudo el universo utilizará señales para hacerte saber que estás en el camino correcto y que debes seguir avanzando con confianza en la dirección en la que te diriges actualmente. ¿Alguna vez has tomado la decisión de hacer algo y luego has cuestionado esa decisión? ¿Alguna vez has empezado a moverte hacia algo y luego te has preocupado de que podrías estar haciendo lo incorrecto? Sería agradable si alguien pudiera decirte: «Sí, eso es correcto. Ve a hacerlo y disfrútalo», ¿verdad?

Todos queremos certeza. Queremos saber que no nos dirigimos hacia un gran error que nos costará meses o años de progreso. Y el universo y nuestros ángeles y guías quieren dárnosla, así que nos envían señales. Un ejemplo perfecto de esto fue una estudiante mía que asistió a un taller presencial conmigo sobre señales y sincronicidades en Nueva Jersey. Recibió un diagnóstico de cáncer poco después y le recomendaron un médico que se especializaba en tratar su tipo de cáncer, un linfoma. Estaba preocupada sobre si él era el médico adecuado para ella. Una tarde, estaba sentada en un restaurante hablando sobre el médico con su familia cuando alguien sentado en la mesa de al lado escuchó el nombre del doctor. Se acercó a su mesa para presentarse y explicó que el doctor del que estaban hablando le había salvado la vida cuando recibió el mismo diagnóstico. No podía creerlo, pero recordando mi clase, siguió adelante sabiendo que el universo le había enviado a ese hombre como una señal.

Intervención

Si por casualidad tomas un giro equivocado mientras sigues el sistema de navegación en tu coche, ¿qué hace? Te redirige. Tomar el giro equivocado puede hacer que tu viaje tarde un poco más porque vas a necesitar tiempo extra para volver al camino correcto, pero acabarás llegando igual a tu destino final. Lo que ese sistema de navegación está haciendo es intervenir en tu nombre para que no sigas yendo en la dirección equivocada y agregues horas a tu viaje, o, peor aún, ni siquiera llegues a tu destino previsto. El universo hace lo mismo cuando ve que estás en la dirección equivocada. Utiliza señales para detenerte y redirigirte. Digamos que quieres reservar un hotel para unas vacaciones familiares pero no acabas de decidirte para hacer la reserva. Entonces, un amigo te dice que hubo un brote de chinches donde planeabas ir, y piensas: «Vaya, menos mal que no lo he reservado». Eso es el universo interviniendo en tu nombre.

Señales comunes del universo

A veces la señal que recibimos será muy clara y estará específicamente relacionada con una situación que estamos viviendo en ese momento, como mi estudiante que se encontró con alguien en el restaurante que conocía a su médico o los seguidores de Valentino Rossi que aparcaron junto a mi marido en la carrera. Pero el universo y nuestros ángeles y guías también utilizarán símbolos o señales comunes para captar nuestra atención y transmitirnos un mensaje, así que veamos algunas señales comunes a las que puedes empezar a prestar atención cuando se crucen en tu camino.

Números

Una de las formas más comunes en que el universo y nuestros ángeles y guías se comunican con nosotros es a través del uso de números. Podría ser un número significativo para nosotros, como nuestro cumpleaños, un número repetido en secuencia (como 222, 444, o 1111), o incluso una agrupación específica de números que sigues viendo una y otra vez (como 1234). Estos números pueden aparecer cuando miramos el reloj, revisamos un ticket de la tienda, echamos un vistazo a una matrícula delante de nosotros, o cualquier otra cosa que nos encontremos en nuestro día a día. En cualquier momento durante mi día, cuando miro la hora y veo 11:11, 1:11, 2:22, 3:33, 4:44, y 5:55, siempre me detengo y sonrío, sabiendo que mis ángeles están a mi alrededor.

Además, si continúo viendo una secuencia particular de números una y otra vez, siempre lo busco en Internet para descubrir cuál es el significado que hay detrás de ese número y secuencia. Por ejemplo, 111 es a menudo un mensaje de nuestros ángeles relacionado con la manifestación y para que seamos más conscientes de los pensamientos que estamos enviando al mundo porque se están manifestando rápidamente. El número 444 te hace saber que tus ángeles están a tu alrededor, apoyándote y guiándote en el momento para trabajar hacia tus objetivos. Hay un montón de sitios web dedicados a ayudarte a entender el significado de los números como guía de tus ángeles, así que puedes tener la confianza de que serás dirigido hacia el sitio correcto. Siempre encuentro una relación directa con algo que está sucediendo en mi vida cuando busco un número que sigue apareciendo ante mí.

Animales

El universo también utiliza animales para comunicarse con nosotros, ya sea un animal haciendo algo fuera de lo común en nuestra presencia o ver un animal específico aparecer en nuestro radar más de una vez. Por ejemplo, por tercera vez en una semana te encuentras con un saltamontes, primero en el capó de tu coche, luego dentro de un supermercado y, por último, posado en el porche de tu casa. Los saltamontes son un símbolo de la buena suerte, la riqueza, e incluso la fertilidad. También aparecen para animarte a dar un salto de fe sin miedo, ya que los saltamontes sólo pueden saltar hacia delante y no hacia atrás. Diferentes animales e insectos tienen diferentes significados metafísicos; de nuevo, te animo a buscar el significado metafísico de cualquier animal que siga apareciendo en tu camino o haciendo algo inusual.

Un ejemplo perfecto de esto me sucedió cuando fui a un Starbucks del barrio para trabajar un rato. Mi marido e hijastro estaban en casa ese día, y yo tenía una fecha límite de entrega. En ese momento vivíamos en una pequeña casa adosada, y para encontrar la tranquilidad que necesitaba para ese proyecto, sabía que tenía que salir de casa. Sentada en una cómoda silla de cuero marrón con mi té en la mesa a mi izquierda, me dispuse a trabajar en mi ordenador. Por el rabillo del ojo, no dejaba de ver una mosca zumbando a mi alrededor. Era un Starbucks bastante grande, y yo estaba en la parte de atrás. Asumí que, como el lugar era tan grande, la mosca al final se iría a otra sección o a otra persona. Me equivoqué. Recuerdo que pensé: «Esta mosca debe estar enamorada de mí porque no se aparta de mi lado».

Vino volando hacia mí y mi bebida, y juro que la pillé mirándome fijamente. Zumbaba delante de mí. Zumbaba detrás de mí. En ningún momento llegó a interponerse en mi camino ni se posó sobre mí o mi ordenador, pero hacía lo suficiente para llamar mi atención. En un momento incluso le envié un mensaje a mi marido: «Una mosca me está acosando. Sólo quería compartirlo». Bueno, pasaron más de dos horas y esa mosca seguía conmigo, y entonces me di cuenta. «Esa mosca tiene toda una cafetería para deambular, pero se está quedando conmigo. Debe haber una razón», pensé.

Allí mismo busqué el significado metafísico de una mosca en mi ordenador y el mensaje era que mi persistencia en tratar de alcanzar mis objetivos (la razón por la que estaba trabajando allí en primer lugar) daría sus frutos pronto, y que incluso si lograrlos llegaba a molestar a otros o requería que fuera egoísta por un tiempo, valdría la pena. Así era exactamente como me sentía.

Me sentía culpable y egoísta porque mi familia estaba en casa divirtiéndose, y yo estaba allí trabajando. Esa mosca me estaba haciendo saber: «Eh, Tammy, todo está bien. Estás haciendo lo correcto. Sigue adelante». Era el mensaje que ni siquiera me había dado cuenta de que necesitaba escuchar, pero una vez que lo hice, fue determinante. ¿Y sabes qué? Tan pronto como recibí el mensaje, la mosca se fue volando y nunca regresó. Mensaje recibido, pequeña mosca. Gracias por tu ayuda. Comparto esto para decirte que no descartes nada como una señal porque incluso una mosca molesta puede tener un mensaje para ti.

Ideas o soluciones repentinas

A menudo pensamos que la nueva y brillante idea que se nos ocurrió o la solución que descubrimos vino de nuestra propia mente, pero muy frecuentemente el universo o nuestros ángeles y guías están detrás. Pueden colocar pensamientos en nuestra cabeza o guiarnos en la dirección correcta, especialmente cuando pedimos ayuda con algo y de repente se nos ocurre una respuesta. Por ejemplo, un día mientras mi marido estaba en el trabajo, estaban cambiando el calentador de agua y después de instalar el nuevo, me di cuenta que la calefacción había dejado de funcionar. El calentador de agua estaba bien, pero ahora la casa no tenía calefacción.

Pedí al personal de servicio que lo revisaran antes de irse, pero no pudieron averiguar qué pasaba, y cuando llamé a mi marido al trabajo, él no tenía ni idea de qué estaba mal. Intenté un montón de ideas que se le ocurrieron para arreglarlo, pero ninguna funcionó. Él no quería pasar la noche intentando arreglarlo y ambos colgamos el teléfono frustrados. Una hora después, me volvió a llamar y me dijo que comprobara el cuadro eléctrico para asegurarme de que ninguno de los fusibles se había disparado. Efectivamente, era eso: una solución simple. Me dijo: «Decidí decir una oración y pedir ayuda con esto para que pudiera arreglarse fácilmente, y poco después se me ocurrió la única cosa que no habíamos probado todavía». ¡Así es como funciona!

Plumas blancas

Una señal muy popular de nuestros ángeles es ver plumas blancas. Nuestros seres queridos también pueden usar plumas, pero pienso que los ángeles usan plumas especialmente para hacernos saber que están a nuestro alrededor y que nos ayudan de cualquier manera que necesitemos, porque nuestras mentes relacionan las plumas con ellos y su presencia. Pueden aparecer en la acera, en tu casa, en el restaurante o la tienda, pero debes saber que las plumas blancas son siempre una señal de guía y amor.

Canciones

Si escuchas una canción que parece que te está hablando acerca de un problema con el que te estás enfrentando o te ofrece ánimo de alguna manera, debes saber que el universo, nuestros ángeles y guías a menudo utilizarán la música y las canciones para llamar tu atención. Es su manera de hablarte y ofrecerte consejo y apoyo. Nuestros seres queridos a menudo también utilizarán esta forma de comunicación *(véase* más abajo sobre señales de seres queridos en Espíritu).

Personas

Soy una gran creyente en los ángeles terrenales. Éstas son personas que se sienten impulsadas a hacer cosas, decir cosas u ofrecernos cosas en el momento y el lugar adecuado. Puede que ni siquiera se den cuenta, pero el universo los está usando para ayudarnos de alguna manera en el momento exacto en que lo necesitamos. El universo siempre está tratando de dirigirnos hacia las personas, lugares y oportunidades correctas que nos ayudarán en nuestro camino.

Cuando tu coche se avería en la autopista y no tienes idea de qué hacer, el universo enviará a un mecánico para que se detenga y te ayude. Cuando estás perdido en una nueva ciudad y no puedes encontrar el edificio correcto, tus ángeles te enviarán a alguien que va al mismo edificio y te acompañará hasta allí. Cuando te acercas a una dependienta y pides ayuda para encontrar un artículo en particular y ella te lleva a un producto que es incluso mejor que lo que estabas buscando, tus guías la han puesto en tu camino para dirigirte a algo nuevo. Cuando asistes a una conferencia y alguien se sienta a tu lado y entabla una conversación que te lleva a un nuevo trabajo, eso fue organizado por el universo.

Lo más probable es que tú también hayas desempeñado el papel de ángel terrenal en la vida de otra persona. Debes saber que nadie se cruza en tu camino por accidente. Incluso las personas que te vuelven loco y te sacan de quicio tienen una lección que enseñarte.

Comunicación con los seres queridos

Después de que mi madre falleciera, solía compartir con la gente cómo recibía numerosas señales de ella, ya fuera a través de mis sueños o en mi vida diaria. Siempre escuchaba lo mismo de ellos: «Tienes mucha suerte. Ojalá yo recibiera señales así de mi [padre, hermano, madre, abuela]». Al principio pensaba: «Vaya, supongo que sí tengo suerte». Pero me di cuenta de que no tenía nada que ver con la suerte. Tenía que ver con permanecer abierta a las señales, notarlas y aceptarlas cuando llegaban y, aunque quiero muchísimo a mi madre y siempre será una superheroína para mí, no creo que tenga poderes que le permitan comunicarse mejor que otros espíritus del otro lado. Creo que todos nuestros seres queridos se comunican con nosotros y, si alguien dice que nunca ha recibido una señal, sé que lo que sucede es que los mensajes no están llegando. Esto me llevó a intentar averiguar qué podría hacer la gente para empezar a recibir las señales como yo las recibía y, en última instancia, condujo a este libro que tienes en tus manos.

He aquí algunas formas comunes en las que nuestros seres queridos se comunican con nosotros:

Aparatos electrónicos/Tecnología

En forma espiritual, cuando nos desprendemos de nuestro cuerpo físico y nuestra alma cruza al otro lado, somos pura energía. Eso significa que nuestros seres queridos pueden manipular la energía y también aprovechar las fuentes de energía cuando están cerca de nosotros. Bombillas que parpadean o se funden por completo cuando estás hablando o pensando en ellos; televisores o radios que se encienden o apagan solos; ordenadores que se encienden o palabras escritas en ellos que tú no has tecleado; el teléfono que suena sin que haya nadie al otro lado; e incluso llamadas perdidas en el móvil. Un año después de que la amiga de mi padre, Susan, falleciera, él vio una llamada perdida de ella en su móvil. Me lo contó y no podía creer que fuera ella intentando comunicarse desde el otro lado, así que llamó a su marido y le preguntó si había sido él quien había llamado. Él no había llamado.

Canciones en la radio

Cuando suena en la radio una canción que le gustaba a tu ser querido, tiene una letra que te recuerda a él o te hace pensar en él cuando la escuchas, es una forma en que tu ser querido está intentando comunicarse contigo. Puede ser en el coche, en casa o en el supermercado, pero si capta tu atención y piensas en él, es una señal.

Después de que mi madre falleciera, mi hermana seguía escuchando la canción «I Hope You Dance» de Lee Ann Womack y me hizo escucharla porque sentía que era un mensaje de nuestra madre. Hasta el día de hoy, cada vez que escucho esa canción, sé que mi madre está cerca de mí, y suele ser cuando estoy disgustada por algo o intentando decidir si hacer algo o no. Cuando la escucho, sé que ella me está diciendo: «Ve a bailar, Tammy. No dejes que el miedo te detenga. Vive tu vida y sigue adelante». Siempre suena en la radio cuando necesito escucharla. Mis amigos saben que la canción tiene un significado especial para mí y a menudo me llaman cuando la escuchan. Una vez estaba en una llamada de trabajo, intentando decidir si debía seguir adelante con un nuevo proyecto, y una amiga me envió un mensaje de texto diciendo que la canción había sonado mientras estaba sentada en la sala de espera de su médico, y sintió que era una señal para mí. Supe que era mi madre animándome a seguir adelante con el proyecto. Lo hice, y fue un gran éxito.

Otro ejemplo tiene que ver con la fallecida autora superventas del *New York Times* y maestra espiritual Debbie Ford. La revista *Elevated Existence* le concedió un premio póstumo, y para el artículo que lo acompañaba entrevisté a sus amigos y compañeros de trabajo. Su asistente personal y amiga, Julie Stroud, compartió conmigo una historia que ilustra el poder de nuestros seres queridos para utilizar canciones como señales. Me contó que, poco antes de nuestra entrevista, estaba conduciendo y pensando en algunos problemas con los que estaba lidiando, cuando la «que sonaba en la radio de repente se detuvo. A continuación, comenzó a sonar la canción «I Am Woman» de Helen Reddy, algo completamente inusual para esa emisora de radio. Esa canción aparecía en el libro *Courage* de Ford, y Stroud recordó que Ford la escuchaba una y otra vez mientras escribía el libro. La canción se reprodujo por completo, y luego la emisora volvió a su programación habitual.

Un olor familiar

¿Tu abuela usaba un perfume en particular o tu tío una colonia específica y, cuando la hueles, piensas inmediatamente en ellos? ¿Tu padre fumaba en pipa o puro, y al percibir ese aroma te recuerda a él? Nuestros seres queridos utilizan nuestro sentido del olfato para captar nuestra atención y hacernos saber que están cerca, a menudo usando una fragancia que los identifique. Si tu hermana siempre llevaba un perfume con aroma a rosas frescas y estás sola en casa, con todas las ventanas cerradas, en pleno invierno y sin flores a la vista, y de repente percibes un intenso aroma a rosas, es tu hermana llamando tu atención para que sepas que está ahí. Quizás tu madre solía limpiar con un producto con aroma a pino, y ese olor siempre te recibía al entrar en casa. Si de repente, una noche, hueles a pino sin poder identificar su origen, saluda a tu madre, porque es ella.

También puedes percibir un olor familiar que no consigues identificar con claridad, pero que te hace pensar directamente en tu ser querido. A mí me sucede de vez en cuando, y lo único que puedo decir es: «Huele a mi madre». Esto me ha ocurrido muchas veces en mi vida, especialmente en momentos difíciles, como cuando me extrajeron las muelas del juicio. En esos momentos, sé de inmediato que está ahí para reconfortarme. Presta atención a los olores a tu alrededor, porque es una de las formas más importantes en las que nuestros seres queridos pueden comunicarse desde el otro lado.

Su nombre o fecha de nacimiento

¿Qué mejor manera de captar tu atención y hacerte saber que están cerca que usar su nombre? Tanto si lo escuchas en un centro comercial, en la radio, mientras ves la televisión o en una cafetería, detente y presta atención. Lo mismo ocurre si ves su nombre en una matrícula, en las redes sociales o en un artículo de una revista. Siempre que escucho el nombre de mi madre, sonrío de inmediato y la saludo, porque sé que significa que está cerca.

Una vez, estaba en urgencias con mi tía Neva, la hermana de mi madre. Había sido operada de la vesícula y tenía fiebre, así que queríamos asegurarnos de que no hubiera una infección. Estábamos sentadas en un pequeño cubículo esperando al médico, justo debajo de un televisor. Ninguna de las dos lo estaba viendo, pero de repente escuché al presentador del programa mencionar el nombre *Maryann*. Sonriendo, miré a mi tía y le dije: «Todo irá bien». «¿Por qué dices eso?», me preguntó. «Porque acabo de escuchar el nombre de mi madre en la televisión, así que sé que está aquí y todo saldrá bien», respondí. Y así fue.

Nuestros seres queridos también pueden usar su fecha de nacimiento para hacernos saber que están cerca, ya sea en un recibo, en una matrícula o en una dirección. Cuando mi marido y yo compramos nuestra primera casa juntos, nos preguntábamos si la casa que estábamos mirando era la correcta. Decidimos comprarla, y más tarde me di cuenta de que los últimos tres dígitos del código postal eran *059*, la fecha de nacimiento de mi madre, el 9 de mayo. Sonreí, sabiendo que mi madre aprobaba la decisión, y sentí que una parte de ella estaría conmigo en esa casa.

Un símbolo relacionado con ellos

Podría ser su flor favorita, un personaje de dibujos animados, un animal específico o algo que compartierais como una broma privada. Si está relacionado con ellos de alguna manera y te hace pensar en ellos, lo usarán para captar tu atención. Si la flor favorita de tu madre era la margarita y llegas a un edificio para una entrevista de trabajo donde el exterior está lleno de margaritas, sabes que está contigo y que probablemente la entrevista irá bien. Una vez, mientras enseñaba una clase sobre señales y sincronicidades, mencioné una ardilla como ejemplo, algo que nunca había hecho antes, pero que me vino a la mente. Después de la clase, una alumna me dijo que su marido fallecido adoraba las ardillas y que siempre pensaba en él al ver una. Supe que su marido había puesto esa idea en mi mente para hacerle saber que estaba allí.

Una amiga siempre pensaba en su padre cuando veía al Pato Donald y a Daisy, ya que él solía regalarle juguetes y tarjetas con esos personajes cuando era niña. Poco después de su fallecimiento, vio en su *feed* de Facebook una imagen de Donald y Daisy con un corazón que decía «Te quiero». Supo inmediatamente que era una señal de su padre. Otro día, en una farmacia, vio un muñeco de Donald vestido de conejito de Pascua, sonrió y pensó en su padre, y en ese mismo momento, una canción que le recordaba a él comenzó a sonar en la tienda.

Sueños

Una de las formas más fáciles para que los seres queridos se comuniquen con nosotros es a través de los sueños. ¿Por qué es la más fácil? Porque cuando dormimos estamos mucho más abiertos a recibir sus mensajes que cuando estamos despiertos, ocupados y distraídos. Si sueñas con un ser querido que ha fallecido y el sueño es feliz (no uno que sea aterrador o que recree su muerte), entonces debes saber que te están visitando. Incluso si lloras en el sueño porque los extrañas o no te dicen ni una palabra, está destinado a consolarte y hacerte saber que están cerca de ti.

Estas visitas en sueños no tienen por qué ser profundas ni tener sentido. A veces sueño que estoy de compras con mi madre y simplemente le cuento cosas de mi vida, aunque ella no diga nada. Pero si los ves en un sueño y no te da miedo, sabes que están contigo, tratando de hacerte saber que están ahí.

Animales

Tal como he comentado en el ejemplo de la ardilla, nuestros seres queridos utilizan animales para llamar nuestra atención. Puede ser un animal que les gustaba o del que hablaban y que aparece de la nada, o incluso una imagen de ese animal que ves en las redes sociales o en la cubierta de un libro. También puede ser un animal que haga algo inusual o poco común.

Recuerdo cuando estaba ayudando a una amiga a mudarse a una nueva casa unos meses después de que falleciera su padre. Mientras llevábamos sus pertenencias dentro, vimos una ardilla sentada en un arbusto junto a la puerta. La ardilla nos observaba fijamente mientras entrábamos y salíamos. Permaneció allí todo el tiempo y, cuando terminamos, se fue. Mi amiga me dijo: «Creo que era mi padre cuidándonos», y estuve completamente de acuerdo. Si tu padre amaba los pájaros cardenales y ves uno posarse en tu porche mientras te mira por la ventana, ésa es una señal. Si tu madre adoraba las mariposas y una se posa en tu jardín mientras trabajas, reconócelo: es tu madre. Al igual que las personas, los animales trabajan como ángeles en la tierra en nombre de nuestros seres queridos para enviarnos estas señales.

Arcoíris

Los arcoíris son pequeños milagros en sí mismos. Para que se formen y puedan verse, la luz del sol y las condiciones atmosféricas deben ser perfectas, y además, la persona que lo ve tiene que estar en el lugar adecuado para observarlo. Un arcoíris se crea cuando los rayos del sol iluminan gotas de agua suspendidas en el aire, razón por la cual suelen aparecer después de una tormenta. Cuando un arcoíris aparece ante ti, es el universo y tus seres queridos enviándote una sonrisa y su amor. Creo que nos dicen que, después de las tormentas en nuestra vida, la belleza se revelará, y que sea lo que sea por lo que estés pasando, algo hermoso y milagroso está por llegar.

Pensar en ellos

No puedo enfatizarlo lo suficiente: si ves u oyes algo que te hace pensar en tu seres queridos o, de repente, piensas en ellos sin razón aparente, eso es una señal de su parte. Nuestros seres queridos tienen la capacidad de interrumpir nuestros pensamientos y aparecer en ellos, y lo hacen con frecuencia para hacernos saber que están cerca. Puede que escuches una canción, veas algo en la televisión o escuches a alguien hablar sobre un tema y, de repente, te encuentres pensando en ellos. Esto no es una coincidencia; ¡es una comunicación!

Uno de los ejemplos más sorprendentes que me ha ocurrido fue mientras enviaba un mensaje de texto a alguien. En medio de una frase, el nombre de mi madre apareció en mi cabeza. Fue algo como: «Oye, ¿recibiste tu…?» y, de repente, «Maryann» surgió en mi mente. Dejé de escribir y dije en voz alta: «Mamá, ¿eres tú?». Recuerdo pensar que debía necesitar realmente decirme algo para llegar a mí de esa manera, así que me dirigí al ordenador, cerré los ojos y le pregunté si había algo que quería decirme. Simplemente empecé a escribir lo que se me ocurría. Esto es algo que cualquiera puede hacer; no necesitas ser médium ni saber cómo canalizar energías. Sólo necesitas confiar y dejar que las palabras fluyan, ya sea en papel con un bolígrafo o en el teclado del ordenador.

Por supuesto, dudé de toda la experiencia y le dije a mi madre: «Escucha, si realmente eras tú y no me lo he inventado, tendrás que encontrar una forma de demostrármelo. No tengo idea de cómo lo harás, pero necesito algún tipo de prueba». En menos de una hora, una amiga que es médium me llamó para decirme: «Tengo aquí a tu madre» y luego procedió a repetir gran parte de lo que yo había escrito.

¿De quién es esta señal?

Quizás ya te hayas dado cuenta de que muchas de las formas en que nuestros seres queridos se comunican con nosotros se solapan con las formas en que lo hacen nuestros guías y ángeles. Todos usan números, animales y canciones en la radio para captar nuestra atención. Entonces, ¿cómo puedes saber quién te envía una señal una vez que la reconoces y la recibes?

Primero, hablemos de nuestros seres queridos que han pasado al otro lado. Cuando intentan captar nuestra atención, suelen usar una señal que se relaciona específicamente con ellos. Puede que la veas y pienses inmediatamente en ellos, o que tenga algo que ver con ellos. En cuanto a los números, utilizan sus fechas de nacimiento porque las asociamos directamente con ellos; en el caso de los animales, elegirán uno que sabes que amaban, como una mariposa o un colibrí. Sin embargo, a veces es una señal que no se relaciona directamente con ellos, pero que, al verla, te hace pensar en ellos. Por ejemplo, podrías escuchar una canción específica en la radio con una letra en la que un padre habla con su hija, y te hace pensar en tu propio padre que ha fallecido. O el nombre de tu abuela es Rosa, como la mía, y ése es el nombre de la calle donde estás pensando en comprar una casa. Además, si algo te hace pensar en ellos y sientes escalofríos o la piel de gallina, eso siempre refuerza la señal. Creo que es el espíritu de nuestros seres queridos pasando cerca o estando a nuestro lado para decirnos: «Sí, soy yo».

Además, a medida que empieces a reconocer y aceptar las señales de tus seres queridos, comenzarán a usarlas una y otra vez. ¿Por qué? Porque saben que entendiste el mensaje la primera vez que lo usaron y es probable que lo notes si lo repiten. Conforme empieces a notar las señales, puedes construir tu propia guía de referencia sobre cómo se comunican contigo y serás más propenso a percibirlas en el futuro.

Si la señal no está necesariamente conectada con un ser querido que ha fallecido o no piensas inmediatamente en ellos al verla, pero sigue siendo relevante y significativa para ti, yo lo clasifico en la categoría del universo, los ángeles y los guías. Si eres alguien que conoce a sus guías individuales o trabaja con ángeles específicos, como el arcángel Miguel para la protección o el arcángel Rafael para la sanación, puede que empieces a notar señales específicas relacionadas con ellos; de nuevo, puedes crear tu propia guía de referencia sobre cómo se comunican contigo. Descubrirás que todos tus recursos elevados diferentes utilizarán sus propios símbolos únicos para captar tu atención.

¿Qué significa una señal?

Descubrir el significado de una señal no es tan complicado como podrías pensar. A veces, el significado es bastante obvio, como cuando tu ser querido usa su nombre o algo específico que te hace pensar en él. En este caso, la intención a menudo es simplemente hacerte saber que están cerca y son conscientes de lo que ocurre en tu vida. Si el nombre de un libro se cruza en tu camino más de una vez, la señal es para que investigues ese libro porque probablemente te ofrecerá ayuda de alguna manera. Estas señales son bastante claras y no requieren mucha interpretación. Otras señales podrían requerir un poco más de investigación de tu parte. Por ejemplo, tal como he mencionado, números que se repiten y que no están relacionados con una fecha de nacimiento u otro número significativo para ti, o un animal que aparece más de una vez en una semana de manera extraña o haciendo algo poco habitual cerca de ti. Éstos son los tipos de señales para las que es útil buscar su significado metafísico en Internet. Cada vez que hagas esto, toma nota de los significados y de quién podría estar enviándolas porque estarás creando tu propia base de datos de señales y significados. Esto es mucho más poderoso que cualquier otra señal que puedas encontrar, ya que estos significados y señales son específicos para ti.

La conclusión es que el universo y tus seres queridos usarán un lenguaje, símbolos y señales que signifiquen algo para ti porque quieren que lo entiendas. No quieren ocultarte el significado ni hacer que sea difícil de comprender. Quieren que reconozcas fácilmente la guía que te están enviando para que puedas actuar en consecuencia y mejorar tu vida. Incluso cuando requiere un poco de investigación, el significado generalmente será fácil de descubrir.

Durante años, hablaba con amigos y familiares –y con cualquier persona que quisiera escuchar o pareciera interesada– de las señales que recibía de mi madre después de su fallecimiento. Siempre me respondían con asombro y fascinación, y decían que desearían que sus seres queridos les enviaran señales como las que yo recibía de mi madre. Mientras entrevistaba a la médium y autora Rebecca Rosen, le pregunté sobre una historia que contó en su libro *What the Dead Have Taught Me About Living Well*, donde su esposo tomó su fecha de cumpleaños, el 12/12, la multiplicó para obtener 144 y luego la asignó a sus guías para que la usaran con él.

Fue entonces cuando se me encendió una bombilla. Al notar y aceptar las señales que mi madre me enviaba –usando su fecha de nacimiento, parpadeos de luces cuando hablaba de ella, y canciones en la radio– básicamente le estaba diciendo: «Sí, usa esto, y sabré que eres tú». ¡Sin darme cuenta, estaba asignándole señales!

Cuando estás comenzando en este camino, la forma más rápida de activar tus señales es asignar una específica a tu ser querido, guía, ángel o al universo, para que sepas que están cerca. Puede ser un animal, un número, una canción en la radio, o lo que prefieras, pero sugiero empezar con algo fácilmente reconocible. Por ejemplo, la flor favorita de tu madre; un animal o insecto específico, como una mariposa, un cardenal o una libélula; tu fecha de nacimiento o la de tu ser querido; un ciervo si tu padre era cazador; o el personaje de dibujos animados Bugs Bunny porque lo veías con tu abuela todos los sábados cuando eras niño.

Ejercicio

Asignar una señal

Así es como puedes asignar una señal:

- Escoge al ser querido, guía, ángel u otro espíritu al que quieras asignar una señal.
- Elige la señal que deseas darles para que la usen contigo.
- Cierra los ojos, respira profundamente y repite esta oración:

Querido universo, me rodeo de la luz blanca del amor y la paz mientras invoco a [nombre del ser con el que vas a trabajar]. Sé que has estado intentando comunicarte conmigo y no he percibido las señales que me estás enviando. Estoy listo para abrirme a la comunicación contigo y quisiera ofrecerte una señal para que pueda saber que estás cerca de mí y me guías. Por favor, utiliza la señal de [di la señal que le estás asignando] y, a partir de ahora, prometo estar abierto y aceptar la señal cuando la vea en el futuro. Gracias, gracias, gracias. Amén.

Mantente receptivo y dale algo de tiempo. Algunos de mis alumnos han visto la señal varias veces el mismo día que la pidieron, mientras que a otros les llevó un poco más de tiempo. Solamente recuerda que, una vez que les entregues esta tarea, se asegurarán de usarla, así que mantén tus ojos y tu corazón abiertos.

Como puedes ver, hay muchísimas formas en las que el universo, nuestros ángeles, guías y seres queridos del otro lado pueden comunicarse con nosotros, y utilizarán cosas que vemos en nuestra vida cotidiana para hacerlo. No emplean nada complicado, como el código Morse militar o JavaScript de los ordenadores. La mayoría de las veces, usan cosas que ya nos resultan familiares o que les asignamos específicamente.

A continuación, vamos a explorar uno de los mayores bloqueos que he encontrado al recibir y notar las señales sutiles del universo: el caos. Necesitamos domar el caos en nuestra mente, en nuestro cuerpo y en el entorno que nos rodea, porque, de lo contrario, se convertirá en una gran distracción que nos impedirá escuchar lo que el universo intenta decirnos. Además, también te ayudará en muchas otras áreas de tu vida.

En ningún lugar puede el hombre encontrar un refugio más tranquilo o libre de perturbaciones que en su propia alma.

MARCO AURELIO

Capítulo 5

Domando el caos

Antes de sumergirte en el proceso de cinco pasos descrito en la segunda parte de este libro, hay una pieza esencial del puzle que debe abordarse: el caos en tu vida. Al incorporar herramientas y prácticas espirituales sencillas en tu vida diaria, puedes empezar a domar el caos que te rodea y estar más presente para notar las señales y sincronicidades que te llegan.

Tanto si eres una madre trabajadora que compagina carrera y familia, un director ejecutivo de una empresa Fortune 500 o alguien que sueña con jubilarte en unos años, todos tenemos caos. El mundo en el que vivimos está lleno de él, y esto afecta a nuestras vidas, lo admitamos o no. Tenemos caos en nuestra mente y en nuestro cuerpo procedente de nuestros propios pensamientos y emociones que absorbemos de las personas y situaciones que nos rodean, e incluso de los medios de comunicación que vemos y escuchamos cada día. Este caos actúa como una distracción y, cuando nos dejamos atrapar por él, se vuelve prácticamente imposible notar las señales y sincronicidades a nuestro alrededor.

Debemos aprender a silenciarlo de pequeñas maneras para que los mensajes del universo y de nuestros guías, ángeles y seres queridos puedan llegarnos. Como dijo Carl Jung: «En todo caos hay un cosmos, en todo desorden, un orden secreto».[1] Este capítulo te ayudará a sintonizar con el cosmos bajando el volumen del caos para que puedas encontrar el orden en el desorden y, en última instancia, descubrir las señales y sincronicidades que guían tu camino.

Las causas del caos

El caos es contagioso y la mayoría de nosotros estamos afectados por él. A menudo ni siquiera nos damos cuenta y, cuando lo hacemos, no tenemos idea de cómo escapar de él o de los desastrosos efectos que tiene en nuestra mente, cuerpo y espíritu. No es hasta que nos diagnostican una afección física o un problema de ansiedad o depresión que de repente nos damos cuenta del estrés y el caos que consume nuestras vidas. Muchas personas viven en el caos desde el momento en que abren los ojos por la mañana hasta que su cabeza toca la almohada por la noche, y se ha convertido en un hábito y una forma de funcionar que les parece normal. Viven cada día perpetuamente estresados, fuera del momento presente, y asumiendo el papel de bombero mientras las llamas se encienden y se propagan a su alrededor.

Lo sé porque es así como viví mi vida durante años. Siempre le decía a la gente que no me sentía estresada y, mientras tanto llegaba tarde al trabajo casi siempre, corría para llegar al tren que me llevaba a Nueva York (y a veces lo perdía) y me movía a un millón de kilómetros por hora durante todo el día. Luego, a principios de mis treinta, me diagnosticaron herpes zóster, cuya causa se comenta es el estrés crónico, y estaba verdaderamente desconcertada sobre por qué lo tenía porque no me sentía estresada. Mi médico tampoco podía creerlo y dijo que era demasiado joven para tenerlo, pero ahí estaba en el lado derecho

1. Jung, *Collected Works*, 32.

de mi torso. No reconocí el caos y el estrés que ocurrían en mi interior, así que mi cuerpo decidió manifestarlo para llamar mi atención.

El caos proviene de nuestro interior –nuestras emociones, pensamientos y creencias–, pero también podemos absorber la negatividad y el drama de las personas, lugares y situaciones que nos rodean. ¿Has oído hablar del contagio emocional? La investigación científica muestra que tanto las emociones positivas como negativas pueden transmitirse de una persona a otra sin que ninguna de las dos se dé cuenta de que está sucediendo. Cuando alguien se halla en un estado caótico, a menudo está ansioso, en alerta, abrumado, frustrado y estresado y, debido al contagio emocional, puede transferir esta energía a quienes lo rodean. Esto significa que las personas que nos rodean a diario –hijos, cónyuge, familiares, amigos y compañeros de trabajo– pueden contribuir y contribuyen al caos que experimentamos cada día. Y gracias a la tecnología actual y a nuestro mundo conectado, ahora podemos absorber el caos con tan sólo navegar por las redes sociales o poner las noticias, teniendo acceso al caos a escala global.

Además del mundo exterior, nuestras mentes son una gran contribución al caos que experimentamos. Cuando están llenas de pensamientos de arrepentimiento por el pasado y preocupación por el futuro, crean estrés y miedo, que es un caldo de cultivo para el caos. Además, lo que pensamos y en lo que nos centramos es lo que atraemos más en nuestras vidas, así que centrarnos en el caos cada vez nos trae más, y así se convierte en un ciclo sin fin. Empezamos a esperar el caos porque «así es la vida» y, cuando llega, pensamos: «Por supuesto, aquí está de nuevo, me pregunto qué vendrá después». Compartimos nuestro caos y drama con otros y nos compadecemos de ello, cosa que no sólo lo perpetúa más, sino que nos abre a absorber el caos de los demás en el proceso. ¿Cómo vamos a notar las señales del universo en medio de toda esta locura?

El caos y las señales

Veamos un día típico de una madre trabajadora. Se despierta tarde por culpa del cansancio, salta de la cama y corre para prepararse ella y los niños para el día. Siempre va con retraso, así que después de dejar a los niños en la escuela, se apresura para llegar al trabajo. Mientras conduce, su madre llama porque necesita ayuda con un problema del seguro médico y, cuando llega a su escritorio, descubre que el jefe espera un informe suyo para la mañana siguiente. Justo cuando se está acomodando, recibe una llamada de la escuela de sus hijos diciendo que uno de ellos está enfermo y necesita que alguien vaya a por él. Tiene que dejarlo todo para encontrar a alguien que pueda hacerse cargo de su hijo, luego batalla durante su jornada laboral para poder correr a casa y cocinar la cena. Después de bañar y acostar a los niños, apenas tiene tiempo de lavarse la cara antes de lanzar su cuerpo a la cama para volver a hacer lo mismo al día siguiente. En medio de todo este caos, ¿crees que notará la señal que su padre le envió durante su descanso para comer?

¿Qué hay de la persona que se despierta por la mañana, toma su teléfono e inmediatamente comienza a desplazarse por las redes sociales llenas de vidas y problemas de otras personas, incluyendo amigos discutiendo sobre política y las últimas noticias negativas que circulan por el mundo? Se levanta y pone las noticias matutinas para escuchar otra vez lo mismo: política, tragedias, las últimas retiradas de alimentos en mal estado y otras historias que proporcionan una doble dosis de caos y negatividad antes de que siquiera se haya cepillado los dientes. En medio de los reportajes sobre un trágico accidente y la guerra en otro país, ¿crees que nota una señal de su abuela en el camino al trabajo o la mención de un título de libro del que había oído hablar una vez antes esa semana?

Si te identificas con algo de esto o incluso una parte, es probable que el caos sea un problema en tu vida. Y si quieres empezar a notar las señales del universo y de tus seres queridos, es hora de empezar a domar el caos, y en realidad es más fácil de hacer de lo que podrías pensar. He encontrado y creado herramientas y prácticas espirituales rápidas y sencillas que pueden ponerse en práctica incluso si eres una madre trabajadora con cinco hijos y cero tiempo libre.

El poder del retiro

¿Has ido alguna vez a un retiro de fin de semana para relajarte, renovarte y alejarte de todo? ¿Te has tomado un día libre para ir a un spa para cuidarte y mimarte con amigos o unas vacaciones relajantes con la familia y luego te has sentido feliz y rejuvenecido? Tal vez incluso has asistido a un retiro espiritual con enseñanzas inspiradoras o yoga. Si has experimentado algo de esto, sabes lo poderoso que es tomarse un retiro de la vida cotidiana y el caos que te rodea… y también conoces la angustia de volver a la rutina normal una vez que termina.

El significado de la palabra «retiro» es retroceder o retirarse, y eso es exactamente lo que hacemos cuando nos tomamos unas vacaciones de nuestra vida diaria normal, aunque sea sólo por un día. Sin embargo, una vez que volvemos a nuestras rutinas diarias, los efectos positivos que logramos a menudo comienzan a desaparecer. El caos empieza a apoderarse de nuevo, y nos molesta cuando nuestros hijos no escuchan, tocamos el claxon a la persona que conduce demasiado lento delante de nosotros en la carretera, y nos sentimos atrapados en el drama que nos rodea. Nos ponemos ansiosos por situaciones futuras o deprimidos por las circunstancias actuales. Comenzamos a perder ese impulso que recibimos de ese retiro hasta que éste al final se convierte en un recuerdo lejano.

Pero no tiene por qué ser así. Podemos encontrar formas rápidas y fáciles de retirarnos en nuestra vida diaria para silenciar el drama y el caos y volver al momento presente, que es donde se desarrollan las señales y sincronicidades. Podemos reconectar con el Espíritu dentro de nosotros, encontrar más alegría y aprender a ser menos reactivos a la vida, sin añadir más extras a un horario ya saturado o a una mente muy abrumada. Ahora, antes de que desconectes pensando que voy a hablarte sobre meditar durante veinte o cuarenta minutos seguidos, quédate conmigo porque ése no es el caso. No importa lo ocupado que estés, las técnicas que estoy a punto de compartir contigo pueden incorporarse a tu día a día y tendrán un impacto positivo en tu vida. Tampoco necesitas hacerlas todas para obtener los beneficios que ofrecen, que son menos caos y más conexión. Simplemente pruébalas y elige una o dos para añadir a tu rutina y usarlas como opciones cuando te sientas abrumado, estresado o en medio del caos. Esto te ayudará a volver al momento presente con más frecuencia, que es donde están ocurriendo todas las señales.

Opciones de meditación fuera de lo común

Estoy segura de que has oído hablar de los muchos beneficios de la meditación. Emocionalmente ayuda a reducir la ansiedad y la depresión, y te hará menos reactivo a las situaciones y personas que te rodean. Físicamente, la investigación muestra que puede reducir la hormona del estrés cortisol, disminuir tu ritmo cardíaco y presión arterial, mejorar el sistema inmunológico e incluso fortalecer la memoria. Espiritualmente, te conecta con el Espíritu, tu ser superior y tu intuición. Además, la neurociencia muestra que la práctica de la meditación y la atención plena puede modificar las conexiones del cerebro, creando nuevas vías neuronales para cambiar nuestros patrones habituales de pensamiento y reacciones.

Pero, a pesar de estos beneficios, a mucha gente le cuesta la meditación. Se preocupan porque no pueden detener sus pensamientos, permanecer quietos durante tanto rato, no tienen tiempo, o porque no lo están haciendo bien.

Bueno, ¿y si pudieras lograr los mismos beneficios de períodos más largos de meditación en ráfagas más cortas de tiempo, como sesenta segundos? En su libro superventas *Cómo Dios cambia tu cerebro: Hallazgos revolucionarios de un reconocido neurocientífico*, Andrew Newberg y Mark Robert Waldman comparten cómo varios estudios de escáneres cerebrales muestran que tan sólo de uno a tres minutos de meditación alteran el funcionamiento neurológico. También ha habido estudios que muestran que tan sólo diez minutos de meditación o ejercicios de atención plena pueden producir beneficios. Para aquellos de vosotros que batalláis con el tiempo o con formas más largas de meditación, ésta es una noticia que cambia la vida.

Una de las técnicas que Waldman recomienda es tomar un descanso de atención plena de 60 segundos una vez cada hora, ya sea configurando un temporizador o descargando una aplicación de campana de atención plena. Considero que esto es beneficioso tanto si alguien ya hace veinte minutos o más de meditación cada día como si nunca ha meditado antes, porque ofrece una oportunidad para reconectar con el Espíritu y aumentar nuestra vibración energética durante todo el día. También es una forma de entrenarnos para mantenernos conectados y en el flujo con una vibración más alta durante todo el día, lo cual es clave para reconocer señales y sincronicidades, manifestar lo que queremos y simplemente sentirnos bien a lo largo de la jornada.

Otra opción es retirarse durante tres minutos seguidos y distribuirlo a lo largo del día. En *Persiguiendo la paz desesperadamente: Cómo pasé del infierno a la felicidad en nueve minutos al día,* la autora Dina Proctor comparte cómo le costaba meditar durante largos períodos de tiempo cuando se estaba recuperando de la depresión y la adicción. Sólo podía hacerlo durante tres minutos, así que comenzó a hacer meditaciones de tres minutos. Esto la llevó a desarrollar su método de meditación 3 x 3, y se sorprendió de cómo podía recibir los beneficios prometidos por formas más largas de meditación en sólo ese breve espacio de tiempo.

Tanto si pruebas los descansos de un minuto o de tres minutos diariamente, estarás domando el caos a tu alrededor y abriéndote a recibir más señales del universo. Aquí tienes un ejercicio para empezar.

Ejercicio

El retiro de 60 segundos

La idea que subyace en este ejercicio es tomar descansos de retiro de 60 segundos a lo largo del día para domar el caos, aumentar tu vibración y reconectar con el momento presente. Los siguientes pasos también pueden usarse para descansos de tres minutos, pero al principio recomiendo probar sesenta segundos cada hora. Además, este ejercicio puede repetirse según sea necesario cada vez que te sientas estresado, abrumado o ansioso.

Configura una alarma en tu móvil para que suene cada hora durante al menos de siete a diez horas cada día. También puedes descargar una aplicación de campana de atención plena para el teléfono o el ordenador. Me gusta escribir la palabra «Espíritu» en mi alarma para que aparezca en la pantalla una vez cada hora como recordatorio para hacer una pausa y reconectar. Y si crees que cada hora es demasiado, intenta comenzar con tres veces al día.

Cuando suene la alarma, cierra los ojos, hay una respiración profunda para centrarte y luego, respirando a un ritmo normal, repite un mantra o palabra que sea significativa para ti. Por ejemplo, podrías usar mi mantra preferido: «Estoy conectado. Soy amor. Todo está bien. Estoy a salvo». También puedes repetir una palabra, como «liberar» o «paz», o simplemente tomar una parte del primer mantra y repetir «Estoy a salvo» o «Todo está bien».

Después de sesenta segundos, o más si lo deseas, abre los ojos y vuelve a tu día hasta que suene la alarma nuevamente al cabo de una hora. Luego repítelo.

Cuanto más practiques este ejercicio, más notarás que te sientes menos caótico y menos reactivo ante el caos. Estarás más consciente, presente y centrado, y las señales y sincronicidades fluirán con mayor facilidad gracias a ello. Además, si la alarma suena mientras estás en medio de una conversación o conduciendo tu coche, no te preocupes. Yo suelo pulsar el botón de posponer para que vuelva a sonar en unos minutos, o hago una nota mental para tomar mi descanso de 60 segundos cuando haya terminado. ¡No te sorprendas si me ves sentado en mi coche con los ojos cerrados antes de entrar al supermercado!

Anclaje de energía

Anclarte es otra forma de calmar el caos en tu vida y ayudarte a mantenerte centrado sin importar el drama que ocurra a tu alrededor y para que no te pierdas las señales que llegan a ti. Estar anclado en tu cuerpo significa ser completamente consciente del momento presente, estar plenamente presente en tu cuerpo y sentirte equilibrado y centrado. Cuando estás anclado, te sientes más tranquilo, protegido y seguro, y menos temeroso o preocupado. Pero, cuando no estás anclado, puedes experimentar lo siguiente:

- Dificultad para concentrarte o terminar proyectos
- Distracción constante
- Sentirte estresado, ansioso, nervioso o preocupado
- Darle demasiadas vueltas a las situaciones y decisiones
- Pensar de forma repetitiva, con la mente dando vueltas sin parar
- Sentirte agotado física o emocionalmente
- Ser más susceptible a la energía y a las personas que te rodean
- Sentirte disperso o con la cabeza en las nubes
- Ir siempre con prisas
- Olvidar las cosas con facilidad

Si te sientes o experimentas alguna de estas cosas, como distraerte con facilidad, ir corriendo de un lado a otro o no poder concentrarte, ¿cómo podrás notar las señales? Esto lo hace mucho más difícil, si no imposible. Pero cuando estás anclado, centrado y despierto al momento presente, es mucho más probable que las señales no pasen desapercibidas. Y anclar tu energía no es sólo un concepto espiritual o de la Nueva Era. Existen numerosos estudios que demuestran los beneficios de anclarse, como la reducción de inflamaciones en el cuerpo, la mejora del flujo sanguíneo, el refuerzo del sistema inmunológico, la disminución del estrés emocional y una notable mejora del estado de ánimo.

Anclar tu energía cada mañana, especialmente antes de salir de casa e interactuar con otras personas o lugares, te ayudará a mantenerte centrado a medida que avance el día. Además, hay herramientas sencillas que puedes usar para anclarte rápidamente dondequiera que te encuentres y en el momento que lo necesites.

Ejercicio

Respiración abdominal

Conocido como respiración diafragmática, respiración abdominal o respiración en tres fases en yoga, este ejercicio de respiración calma el sistema nervioso y te ancla a tu cuerpo.

Para practicarlo, coloca una mano en tu abdomen y la otra en tu pecho. Vacía todo el aire de los pulmones y abdomen contrayendo completamente el vientre hacia dentro. Luego, respira profundamente por la nariz, expandiendo lentamente el abdomen y llenándolo de aire mientras tu mano sube. A continuación, llena la parte media del torso (por encima del ombligo), expandiendo el diafragma con aire, y finalmente llena la parte superior del pecho, elevándola sólo ligeramente. Esta respiración en tres fases se realiza con un movimiento suave y lento. Antes de exhalar, haz una pausa breve y luego expulsa el aire por la boca invirtiendo el proceso de la inhalación: empieza expulsando el aire del pecho, luego el del torso y, por último, el del abdomen, contrayéndolo de nuevo hacia dentro.

Una vez que te familiarices con el proceso, intenta inhalar contando hasta cuatro, hacer una pausa contando hasta cuatro y luego exhala contando hasta cuatro. Como variación, también puedes hacer la exhalación más larga que la inhalación, añadiendo de dos a cuatro intervalos de tiempo más. Puedes realizar este ejercicio tantas veces como necesites hasta sentirte más centrado y relajado.

Extra: También puedes visualizar que extraes energía del núcleo de la tierra hacia tu chakra raíz (ubicado en la base de la columna vertebral) y luego hacia arriba, a lo largo de la columna, hasta tu chakra corona (situado en la parte superior de la cabeza) para ayudarte a anclarte mientras respiras.

Caminata consciente

Otra forma de anclarte y centrarte para estar más presente a las señales que suceden a tu alrededor es caminar de forma consciente. Caminar conscientemente puede hacerse en cualquier lugar, ya sea al aire libre en un sendero natural, dentro de tu casa o incluso al ir al baño en tu oficina. Es una manera rápida y sencilla de traer tu atención al momento presente y recuperar el centro. Si lo combinas con caminar descalzo al aire libre conectando con la tierra, conocido como *earthing* *(véase* pág. 107), lograrás un poderoso efecto de anclaje.

Caminar conscientemente significa estar totalmente atento a tu cuerpo mientras se mueve y ser consciente de cada parte de tu cuerpo que participa en la actividad. Para practicarlo, intenta enfocar la vista en el suelo frente a ti y dirige tu mente y atención a tus pies. Mientras caminas, si puede ser, más despacio de lo habitual, siente cómo el talón, la base del pie y luego cada dedo tocan el suelo. Fíjate también en cómo el pie opuesto se levanta del suelo mientras el otro lo toca. Luego, observa cómo el talón, la base del pie y los dedos de ese pie tocan el suelo. Presta atención a las sensaciones en tu cuerpo, especialmente en los pies. Al hacer esto diriges inmediatamente la atención al momento presente y puede ser útil para anclar tu energía.

Extra: Puedes potenciar el ejercicio visualizando que los pies extraen energía positiva y equilibrada de la tierra mientras ésta sube por tu cuerpo para anclarte.

Ejercicio

Conectar con la naturaleza

Pasar tiempo en la naturaleza es sanador y equilibrante para el cuerpo, la mente y el alma, y puede ayudarte a anclar la energía, mejorar el estado de ánimo y reducir el estrés. Hay algo mágico en la energía de la naturaleza que abre nuestra intuición y percepción –incluida la percepción de señales y sincronicidades– y calma el sistema nervioso. Pero no es sólo magia. Diversas investigaciones demuestran que caminar en un entorno forestal puede reducir las hormonas del estrés, como la adrenalina y la noradrenalina, y tener un efecto relajante en el cuerpo. Un estudio en Tokio mostró que una caminata de dos horas en un bosque, en comparación con una de dos horas en un entorno urbano, redujo la presión arterial de los participantes. Ya sea que des un paseo por tu vecindario, un parque local o incluso en tu propio jardín, el tiempo que paras en la naturaleza hará maravillas para calmar el caos y anclarte.

Si quieres llevarlo un paso más allá, te recomiendo abrazar un árbol, apoyar la frente contra él y respirar profundamente, o incluso sentarte con la espalda apoyada en el tronco. En el libro *Cegados por la ciencia*, el autor Matthew Silverstone presenta una serie de estudios que demuestran los beneficios de los árboles en la salud y su efecto en enfermedades mentales como el trastorno por déficit de atención con hiperactividad (TDAH), los niveles de concentración, los tiempos de reacción, la depresión, etc. Al igual que todo lo que nos rodea, los árboles tienen una energía vibracional propia, y la naturaleza vibra en frecuencias elevadas. Cuando interactuamos con ella, esas frecuencias alteran las nuestras, elevándolas a un nivel superior. En el caso de los árboles, podemos aprovechar su efecto de anclaje gracias a su conexión con la tierra.

Ejercicio

Conexión con la tierra (*earthing*)

Poner tu cuerpo en contacto directo con el césped, la tierra o la arena se conoce como *earthing*, y las investigaciones científicas demuestran que también tiene numerosos beneficios para la salud, incluido anclarte a tu cuerpo y al momento presente, aumentando la conciencia de lo que ocurre ahora. La tierra contiene electrones con carga negativa y, cuando nuestros cuerpos entran en contacto con ellos, éstos se transfieren a nosotros. Esto neutraliza los electrones con carga positiva que se acumulan en nuestro cuerpo debido al estilo de vida moderno, lo cual puede ser perjudicial para nosotros, y tiene un efecto equilibrante y de anclaje.

Algunos de los beneficios del *earthing* incluyen:

- Efectos positivos en la actividad eléctrica del cerebro
- Regulación moderada del ritmo cardíaco
- Mejora de la regulación de la glucosa
- Reducción del estrés y disminución de las hormonas del estrés
- Normalización de la presión arterial
- Refuerzo del sistema inmunológico
- Reducción de la inflamación y el dolor crónico
- Calma y equilibrio del sistema nervioso
- Mejora del sueño

La forma más sencilla de practicar *earthing* es caminar descalzo sobre el suelo, ya sea sobre tierra, césped o arena. También puedes tumbarte en el suelo, permitiendo que otras partes de tu cuerpo entren en contacto con la tierra. Hacerlo durante veinte o treinta minutos es muy beneficioso, pero incluso unos pocos minutos de esta práctica pueden ser muy equilibrantes y anclantes.

Ejercicio

Aceites esenciales

Hay varios aceites esenciales que puedes usar para anclarte y mantenerte en este estado equilibrado a lo largo del día. Pueden añadirse a un difusor eléctrico o lámpara de aceites para llenar una habitación o espacio de tu hogar, incorporarse en un baño o usarse en un collar o pulsera difusora que lleves contigo. Aquí tienes algunos aceites esenciales recomendados para anclarte:

- Vetiver
- Sándalo
- Incienso
- Pachulí
- Ylang-ylang
- Abeto blanco
- Pícea negra
- Pino
- Cedro

Además de los aceites individuales, hoy en día hay muchas mezclas específicas para el anclaje disponibles en el mercado, y también puedes crear las tuyas propias. Al usarlos durante el día, te mantendrás más centrado y podrás estar abierto a escuchar al universo cuando te hable.

Ejercicio

Postura de yoga «Piernas contra la pared»

La postura «Piernas contra la pared» no sólo es anclante, sino que también calma profundamente el sistema nervioso. Es una postura restaurativa que permite que el cuerpo y la mente se relajen y descansen por completo. Esta postura se realiza literalmente como su nombre indica: te tumbas en el suelo con las nalgas y las piernas apoyadas verticalmente contra una pared, de modo que tu cuerpo forme una L con la pared.

La forma más sencilla de hacer esta postura es sentarte con el lado izquierdo de tu cuerpo pegado a la pared y las piernas estiradas frente a ti. Gira suavemente tu cuerpo hacia la izquierda y sube las piernas a la pared mientras acercas las nalgas lo más posible a ella, dejando la espalda plana en el suelo. Descansa los hombros y la cabeza en el suelo, y coloca los brazos y las manos a los lados con las palmas hacia arriba. Delante de ti tendrás los pies, que deberían estar flexionados hacia la cabeza. Cierra los ojos y mantén esta posición de cinco a diez minutos, concentrando la atención en la respiración. Si necesitas más fijación, puedes colocar una manta enrollada, una toalla o un cojín de yoga bajo la zona lumbar y/o el cuello. Para salir de la postura, empuja suavemente alejándote de la pared, desliza las piernas hacia el lado derecho y reincorpórate a una posición sentada.

Esta postura calma profundamente el sistema nervioso, por lo que es ideal en momentos de estrés y ansiedad. También es perfecta para anclarte al presente y abrir tu conciencia. Puedes practicarla por la mañana, antes de dormir o en cualquier momento en que necesites calmar el caos y volver al ahora. Recuerda que, cuanto más presente estés y más consciente seas de lo que ocurre a tu alrededor, menos probabilidades habrá de que te pierdas las comunicaciones del universo.

Ejercicio

Cristales

Los cristales y las piedras preciosas tienen sus propias vibraciones y pueden usarse para ayudarte a alcanzar ciertos estados emocionales, aumentar tu vibración, calmar el sistema nervioso, manifestar y atraer tus deseos, y más. Existen varios cristales que proporcionan efectos anclantes y equilibrantes para la mente y el cuerpo, y pueden colocarse en tu entorno, llevarse en un bolso o bolsillo, o usarse como pulsera, collar, anillo o broche.

Es importante tener en cuenta que, al trabajar con cristales, deben limpiarse y recargarse periódicamente para mantener su vibración, especialmente aquellos que ofrecen protección y absorben energías negativas. Hay varias formas de limpiar y recargar cristales; aquí tienes algunas opciones sencillas:

Sahumar: Quemar salvia, incienso de olíbano o madera de palo santo produce un humo por el que puedes pasar los cristales para limpiar cualquier energía negativa.

Selenita: Este cristal no necesita ser limpiado; de hecho, puede limpiar y cargar otros cristales. En forma de varita larga o placa plana conocida como «plato de carga», puedes colocar otros cristales sobre la selenita durante la noche o más tiempo para limpiarlos y recargarlos.

Naturaleza: Coloca tus cristales al aire libre durante una Luna nueva o bajo una tormenta para que se limpien y recarguen.

Lista de cristales para el anclaje:

Obsidiana negra: Una piedra protectora y de anclaje que protege contra la negatividad.

Turmalina negra: Ayuda a eliminar las energías negativas y transforma las energías densas en una vibración más ligera y elevada. Ayuda a anclar, equilibrar y proteger todos los chakras del cuerpo.

Hematita: Una piedra extremadamente anclante que trabaja con el chakra raíz, absorbe la energía negativa y ayuda a mantener la calma en momentos de estrés y preocupación.

Jaspe rojo: Aunque beneficia a los tres chakras inferiores (raíz, sacro y plexo solar), se le conoce como una piedra del chakra raíz, que ayuda a reconectar con la energía de anclaje de la tierra. También tiene un efecto purificador para eliminar la negatividad.

Shungit: Ayuda a equilibrar el chakra raíz para anclar y absorber energías negativas. También puede proteger el cuerpo de las frecuencias electromagnéticas y la radiación de dispositivos electrónicos.

Cuarzo ahumado: Otra piedra del chakra raíz ideal para anclar y equilibrar el cuerpo. Absorbe energías negativas y las dirige hacia la tierra. Al igual que el shungit, se puede colocar cerca de dispositivos electrónicos para absorber y transformar la radiación electromagnética.

Ejercicio

Reinicio del chakra corona

Puede sonar simple, pero te animo a probarlo antes de descartarlo como algo «demasiado bueno para ser verdad». El chakra corona no sólo nos conecta con el universo, el espíritu y los reinos superiores, sino que también integra la energía del plano físico de la vida cotidiana. Cuando se vuelve hiperactivo, podemos sentirnos dispersos, ansiosos y desconectados. Pero existe una forma rápida de reiniciarlo, y sólo lleva entre veinte y sesenta segundos.

Coloca la mano (yo uso la derecha porque es mi mano dominante) sobre la parte superior de la cabeza para bloquear temporalmente cualquier estimulación y energía externa. Cierra los ojos e inhala y exhala suavemente mientras relajas el cuerpo y te anclas al momento presente. Cuando te sientas más centrado, abre los ojos y retira la mano.

Ejercicio

Meditación de energía terrestre

Esta meditación/visualización guiada puede practicarse sentado en una silla con los pies en el suelo o combinarse con las técnicas mencionadas anteriormente, como la respiración abdominal, la caminata consciente y el *earthing*.

Cierra los ojos y realiza un par de respiraciones abdominales: inhala por la nariz llenando el abdomen, el torso y el pecho, y exhala por la boca vaciando el pecho, el torso y el abdomen. Lleva tu atención a las plantas de los pies, donde están en contacto con el suelo. Siente cómo descansan sobre la superficie y visualiza rayos de luz que salen de la base de cada pie y forman raíces que descienden hacia el núcleo central de la tierra. Observa cómo estas raíces se envuelven alrededor de la superficie terrestre y se anclan en la tierra.

Ahora, imagina un cordón de luz que sale desde tu chakra raíz y la base de tu columna vertebral, y desciende hasta el núcleo de la tierra, anclando tu chakra raíz en la tierra. Mientras inhalas por la nariz, siente cómo la energía de la tierra, equilibrante y anclante, sube por los cordones de luz desde las plantas de los pies hacia las piernas y hasta la base de la columna. Observa cómo esta energía viaja por tu cuerpo hasta llegar a la parte superior de la cabeza.

Sigue practicando...

Mientras exhalas por la boca, imagina que cualquier cosa que ya no te sirva –preocupaciones, miedos, emociones negativas, la energía de otras personas que hayas absorbido– se desliza por esas raíces hacia el núcleo de la tierra, donde se transforma en energía de amor. Inhala y exhala imaginando lo positivo entrando y lo negativo, saliendo. Repite esto durante unos minutos.

Ahora, visualiza una hermosa luz blanca y brillante rodeando todo tu cuerpo y extendiéndose unos centímetros a su alrededor. Esta luz blanca te envuelve con protección y amor. Siente el calor de esta luz a tu alrededor y continúa respirando. Cuando te sientas completo y centrado, abre los ojos.

Proteger tu energía

Además de gestionar tu propia energía, también es importante protegerte de absorber la energía de los demás, especialmente cuando es estresante y caótica. Como he mencionado al principio de este capítulo, el caos es contagioso, y no necesitas cargar con energías que no te pertenecen. Ya sea en interacciones con familiares, compañeros de trabajo o en una visita al centro comercial, debes asegurarte de no asumir energías externas que puedan afectar tu mente y cuerpo, generar más caos y bloquear tu percepción de señales y sincronicidades.

Una gema ideal para la protección es la turmalina negra. Actúa como un guardaespaldas, protegiéndote de la energía negativa y transformándola en una vibración más elevada. Puedes llevar una pequeña piedra en el bolsillo o en el bolso, colocar una en el coche y situar otra cerca de la entrada de tu lugar de trabajo para absorber cualquier energía no deseada que se acerque a ti. Yo coloco una junto a las puertas de mi casa para protegerme de las energías negativas que puedan entrar y también tengo una en la entrada de mi despacho en casa.

Otra forma rápida y sencilla de protegerte es usar el siguiente ejercicio de escudo. Realiza esta rápida visualización y oración antes de salir de casa, y repítelo en cualquier momento del día cuando te encuentres con energías negativas o caóticas de una persona o un lugar.

Ejercicio

El escudo

Cierra los ojos e imagina una luz blanca que rodea todo tu cuerpo y se extiende unos centímetros hacia afuera. Luego, recita la siguiente oración:

Arcángel Miguel, por favor, rodéame con tu luz y protección. Protégeme de absorber cualquier negatividad o energía que no me pertenezca. Por favor, mantenme en un lugar de amor. Gracias. Amén.

Este ejercicio también se puede realizar con los ojos abiertos si estás fuera de casa. Nadie tiene que saber que lo estás haciendo mentalmente, ¡y funciona igual de bien!

Limpiar tu energía

Cuando invocas al arcángel Miguel como parte del ejercicio del escudo, le estás pidiendo que proteja tu aura de la energía que te rodea y que la fortalezca. El aura es un campo energético alrededor de tu cuerpo que, según se dice, está asociado con la salud y la vitalidad de una persona. Es la primera línea de defensa del cuerpo contra la energía externa y, además de protegerla, también necesitas limpiarla.

Esto se puede lograr de diversas formas. Personalmente, me gusta realizar algún tipo de limpieza cada noche antes de acostarme. Es especialmente importante si has estado rodeado de multitudes, en un ambiente negativo o si olvidaste protegerte ese día. Aquí tienes algunas opciones sencillas para limpiar tu aura:

Sahumerio: Al igual que limpias tus cristales y el ambiente de tu hogar con sahumerios, lo mismo se puede hacer con tu aura. Puedes quemar salvia, un tipo de madera llamada palo santo, o usar un spray para sahumar. Si quemas salvia o palo santo, simplemente pasa el humo alrededor de tu cuerpo y camina a través de él con la intención de eliminar cualquier energía negativa o energía que no te pertenezca.

Exfoliación con sal: Mientras te duchas, puedes usar un exfoliante de sal por todo el cuerpo con la intención de limpiar el aura de energía negativa. Incluso puedes comprar una barra exfoliante de sal del Himalaya o tomar un baño con sales del Mar Muerto.

Cristal de selenita: Cualquier tipo de cristal de selenita puede usarse para limpiar el aura, pero el más popular para esta actividad es una varita de selenita. Se puede usar en movimientos como de peinado o ondulación alrededor del cuerpo para limpiar la energía. Además, dado que la selenita no necesita ser limpiada, puedes realizar este ejercicio cada noche, y la piedra transformará la energía sin que tengas que preocuparte por limpiarla.

En este capítulo, he dirigido mi atención a explicar cómo domar el caos en tu vida porque el caos, la distracción, el estrés, la ansiedad y todo lo relacionado bloquean tu capacidad de percibir las comunicaciones que el universo, tus ángeles, guías y seres queridos al otro lado te están enviando. He explicado diversas formas en las que puedes domar el caos a través de prácticas como anclarte, protegerte, limpiar tu aura, etc. para que puedas estar más consciente y presente cada día antes de pasar a la parte 2 de este libro, que detalla el proceso de cinco pasos para ayudarte a descubrir y entender las señales y las sincronicidades en tu vida.

Si adoptas incluso sólo una o dos de las prácticas o consejos que he descrito en este capítulo, estarás eliminando uno de los mayores bloqueos para percibir las señales a tu alrededor. Elige una o dos ahora y comprométete a convertirlas en parte de tu rutina diaria. Te prometo que te sentirás menos reactivo, abrumado y estresado, y estarás más presente, alegre y consciente.

¡Ahora, pasemos a los cinco pasos!

Parte 2

Cinco pasos para activar el flujo

En el universo existe una fuerza inconmensurable e indescriptible que los chamanes llaman «intención» y absolutamente todo lo que existe en el cosmos está unido a la intención por un vínculo de conexión.

CARLOS CASTANEDA

Capítulo 6

Paso 1: Establecer tu intención

Ahora que hemos ya hemos visto todo el trabajo preliminar, incluyendo entender qué son las señales y la sincronicidad, de dónde provienen, cómo se manifiestan en nuestras vidas y cómo domar el caos para que puedan acceder a nuestra conciencia, es hora de empezar a recibirlas. Este capítulo te ayudará a comenzar utilizando el poder de tu intención. Es el primer paso en un proceso de cinco pasos y, por sí solo, atraerá la magia de estos milagros a tu vida. Sin embargo, cuando combines este paso con los otros cuatro de los capítulos siguientes, cambiarás verdaderamente la forma en que tu vida se desarrolla y cómo navegas por los giros y vueltas que da.

Algo en lo que creer

Habían pasado cinco años desde la muerte de mi madre, y yo me hallaba en una búsqueda de un mayor significado en mi vida. Aunque había encontrado paz y esperanza en las lecturas de médiums que había tenido desde que ella falleció, aún no había dado con un sistema de creencias que pudiera abrazar y hacer mío. Mi fe católica ya no me servía del mismo modo que cuando era más joven, y deseaba desesperadamente encontrar algo en lo que creer. Necesitaba entender la vida, mi lugar en este mundo, y hallar más fe, paz y felicidad en mi día a día. Había investigado sobre el budismo, la cábala (gracias a la estrella del pop Madonna) y muchos otros caminos espirituales, pero todavía no había encontrado nada que resonara realmente conmigo. Antes de irme a la cama una noche de invierno de 2004, recé a Dios y a mi madre para que me dirigieran hacia donde necesitaba ir en relación con mi fe. No pasó mucho tiempo antes de que obtuviera mi respuesta.

Un par de horas después de quedarme dormida, me encontré despierta a las dos de la madrugada, perdida en mis pensamientos. Finalmente, renuncié a tratar de volver a dormir y cogí el mando a distancia del televisor de mi mesilla de noche. Pasando canales, vi a una persona en una cadena local del PBS que hablaba sobre «nuestra conexión con la Fuente», cómo todos tenemos una conexión inherente con este poder superior omnisciente y cómo nos permite co-crear las circunstancias de nuestras vidas junto con ella. Me cautivó por completo. Lo que estaba diciendo me parecía familiar y verdadero y, por primera vez en mucho tiempo, sentí una sensación de saber y comprender. Sin duda, éste era el siguiente paso en mi camino espiritual.

Esa persona era el Dr. Wayne Dyer. Estaba compartiendo principios y enseñanzas de su libro *El poder de la intención: Aprende a usar tu intención para construir una vida plena y feliz.* Lo pedí inmediatamente. Fue otro de esos momentos en los que mi vida cambió en un instante. A veces, estos momentos son desgarradores para el alma, como la muerte repentina de mi madre, pero otras veces son despertadores del alma. Ése fue uno de mis momentos de despertar del alma. También fue una señal y una respuesta a mi oración. Algo o alguien me despertó esa noche y me llevó a esa cadena local y al trabajo de Wayne Dyer. Fue el catalizador del camino espiritual que sigo recorriendo hoy, y fue al escuchar los audios de Dyer que descubrí el trabajo de Deepak Chopra y el Chopra Center, y ya sabes a dónde me llevó todo eso.

Pero lo que es más importante aún: Dyer me descubrió el concepto de la intención y me explicó de qué manera el uso consciente de esta poderosa fuerza nos permite crear las circunstancias de nuestras vidas. Cuando establecemos una intención –que en realidad es un plan o propósito para ejecutar una acción, hacer un cambio o crear algo nuevo–, el universo comienza de inmediato a trabajar con nosotros y a ayudarnos a materializar esa intención en el mundo. Esto funciona en cualquier área de la vida que estemos tratando de cambiar o mejorar, y a menudo se habla de ello en relación con la manifestación y la atracción de lo que deseamos, porque el primer paso para crear algo es tener la intención de hacerlo. Lo mismo ocurre al abrirnos a las señales del universo. Todo comienza con la intención.

Establecer tu intención para recibir señales

En su libro, *El poder de la intención*, Dyer establece:

> Activar la intención significa reconectarte con tu Fuente y convertirte en un hechicero moderno. Ser un hechicero significa alcanzar el nivel de conciencia donde cosas previamente inconcebibles están disponibles.[1]

Las «cosas inconcebibles» de las que habla incluyen la presencia de señales y sincronicidades que nos guían en nuestro camino. Cuando establecemos una intención, el universo comienza a organizar a todas las personas, situaciones, oportunidades y recursos que necesitaremos para alcanzar nuestras metas, y nos envía estas cosas a través de señales y sincronicidades mientras avanzamos por la vida. De repente, lo que necesitamos para avanzar aparece ante nosotros, o conocemos a alguien que tiene la solución que buscamos. Lo único que tenemos que hacer es permitir que nuestra mente consciente sintonice y reciba la

1. Dyer, *El poder de la intención*, 10.

guía, tome acción y avance. Para ello, primero debemos establecer una intención para notar y recibir las señales que se nos envían.

Con sólo que dediques unos momentos a establecer conscientemente tu intención de abrirte a la comunicación con tus recursos elevados, pondrás el proceso en marcha. Es muy fácil hacerlo; de hecho, ¡puedes hacerlo ahora mismo! La Oración del punto de inflexión puede ayudarte a lograrlo. Elegí este nombre porque, efectivamente, estás en un punto de inflexión. Estás a punto de dejar atrás una vida sin señales ni sincronicidades que te guíen y avanzar hacia una nueva realidad donde todo sucede por una razón y siempre estás siendo dirigido por un poder superior.

Además, esta oración no sólo establece tu intención de recibir las señales, sino que también invoca la ayuda de tus guías superiores y los miembros de tu «sociedad del alma». Yo he mencionado la «sociedad del alma» anteriormente en el libro, y la incluyo en todas las oraciones que digo y enseño a otros porque llama a cada alma que te está ayudando al otro lado del velo. Algunas personas se refieren a esto como una «familia del alma» o «grupo del alma», pero abarca mucho más de lo que imaginamos. Al invocar a tu «sociedad del alma», estás llamando al colectivo de todos los que están trabajando contigo en esta vida, junto con tus ángeles y guías, ya sepas exactamente quiénes son o no.

La Oración del punto de inflexión puede parecer una oración simple, pero te ayudará a abrir la puerta a la intervención divina. Citando al autor y místico hindú Patanjali, Wayne Dyer habló de «fuerzas latentes» que cobran vida de formas inimaginables al utilizar el poder de la intención, y eso es exactamente lo que comenzará a suceder en tu vida.

Ejercicio

La Oración del punto de inflexión

Empieza centrándote. Cierra los ojos y haz una respiración profunda por la nariz, expandiendo tu abdomen mientras se llena de aire mientras cuentas hasta cuatro. Sostén la respiración durante un segundo y luego exhala por la boca, contrayendo lentamente tu abdomen hacia dentro y liberando el aire mientras cuentas otra vez hasta cuatro. Hazlo una vez más, respirando por la nariz y exhalando por la boca, y luego di la siguiente oración en voz alta o en silencio:

Querido universo, invoco a mis ángeles, guías, seres queridos que han partido y todos aquellos de mi sociedad del alma –sólo aquellos de la vibración más elevada– para que por favor me ayuden a empezar a percibir las señales y sincronicidades que me son enviadas cada día. Por favor, abrid mis ojos, oídos, corazón y mente a ellas desde este momento mientras fluyen en mi vida. Sé que me he estado perdiendo muchas de ellas en el pasado, pero prometo mantenerme abierto y consciente de ahora en adelante. También prometo aceptar las señales y sincronicidades que me sean enviadas desde ahora como regalos para guiarme. Gracias de antemano por toda vuestra ayuda. Amén.

¿Cómo te sientes? ¿Estás comprometido con la intención que has establecido? Las compuertas están abiertas, mi elevado amigo, así que relájate y disfruta del flujo de señales.

Potencia tu intención

Como soy tan perfeccionista, cuando establezco cualquier intención, siempre me gusta potenciarlas, especialmente aquellas que son muy importantes para mí. Por potenciar, me refiero a añadir algún tipo de ritual al proceso de establecer la intención. Por eso, como ya he comentado antes, cuando decidí atraer el amor, hice una lista de las cualidades que quería que tuviera mi alma gemela y luego la quemé. ¡Suelo decirle a mi marido que lo manifesté a fuego lento!

Para lograr esto, no tienes que quemar nada realmente si no te sientes cómodo con ello. Las intenciones pueden escribirse en un papel, luego romperlo y liberarlas de alguna otra manera. También existe un producto llamado Flying Wish Paper (papel de deseo volador) que te permite escribir en un pequeño trozo de papel, encenderlo y liberarlo de forma segura al aire en el exterior. Si desearas potenciar tu intención de la Oración del punto de inflexión, esto es lo que recomiendo:

- Escribe la Oración del punto de inflexión en un trozo de papel.
- Enciende una vela, realiza unas respiraciones profundas y di la oración en voz alta.
- Libera la intención al universo quemándola, rompiéndola o usando el Flying Wish Paper.
- Agradece al universo por escuchar tu intención y ayudarte a conseguirla.

Convertirlo en una práctica diaria

Una vez que te comprometes a abrir tu conciencia y pedir ayuda, la magia y los milagros comienzan a manifestarse y, si puedes convertirlo en parte de tu rutina diaria, sucede incluso más rápido. Hace años creé una oración para mí misma para concluir mi meditación matutina. Quería establecer mis intenciones para el día, invocar cualquier ayuda superior que pudiera necesitar y prepararme para el éxito en todo lo que hiciera. Después de hacer esto durante unos días, comencé a notar una diferencia en cómo me sentía a lo largo del día. Experimentaba más alegría, menos caos y, sí, más señales y sincronicidades. Si me saltaba un día, sentía y notaba la diferencia. Decidí compartirla con otros y los resultados fueron asombrosos.

¿Por qué es importante establecer tu intención cada día de esta manera, y por qué es determinante? ¿Necesita el universo que se le recuerde que debe ayudarte? No, no lo necesita. El universo y tus ángeles, guías y seres queridos del otro lado han escuchado tu intención con la Oración del punto de inflexión y ya han aprovechado la invitación. Establecer tu intención cada día es para ti, no para ellos. Te centra, trae el concepto de señales y sincronicidad a tu mente consciente cada mañana y establece el tono para el día. La oración que creé también invoca a tu sociedad del alma para pedir asistencia con cualquier situación que puedas estar enfrentando ese día o con la que estés luchando en ese momento de tu vida. También invocarás al arcángel Miguel para protegerte de absorber cualquier energía de las personas y lugares a tu alrededor, y al arcángel Rafael para sanarte de cualquier cosa que te impida estar en un estado perfecto de salud.

Lo que desarrollé para mí misma ahora es conocido por mis estudiantes y clientes como mi famosa Oración matutina. Sólo te tomará un par de minutos por la mañana, pero en esos par de minutos lograrás mucho.

Milagros de la Oración matutina

Recuerdo la primera vez que compartí esta oración en 2012 durante una clase presencial como parte del primer encuentro de «Vivir una Existencia Elevada», un evento en línea que organizo cada año con destacados autores y expertos en diversos aspectos de la mente, cuerpo y espíritu. Leí la oración en voz alta durante mi clase, animando a la gente a unirse para repetirla conmigo, y antes de que terminara la clase de una hora, me inundaron con solicitudes por correo electrónico pidiendo si podía proporcionar una forma escrita de la oración. Incluso hoy, más de siete años después, cuando hablo sobre la oración, la gente inmediatamente quiere una copia.

Esta única oración cambió tanto para mí y para todos los que ahora la usan a diario. Con frecuencia recibo correos electrónicos y mensajes de Facebook de personas que comparten los rápidos resultados que recibieron y contándome cómo la oración se ha convertido en parte de su propia rutina matutina cada día.

Uno de mis testimonios favoritos vino de un hombre que publicó en mi página de Facebook la experiencia que tuvo después de decir la oración cada mañana durante dos semanas seguidas. Tenía un día libre del trabajo y había estado haciendo llamadas telefónicas como parte de su lista de tareas. La última llamada que necesitaba hacer era para obtener una lista de los próximos seminarios locales de seguros a los que podría asistir para hacer *networking*. Decidió salir a hacer algunos recados y llamar cuando volviera a casa. Mientras estaba haciendo cola en el supermercado, entabló una conversación con la mujer que estaba delante de él y pronto se dio cuenta de que era exactamente la persona a la que había planeado llamar cuando volviera a casa. ¿Una coincidencia? ¡Por supuesto que no! Ése es el universo ayudándonos en nuestro camino.

Cómo utilizar la Oración matutina

Antes de compartir esta oración contigo, quiero darte alguna información sobre cómo usarla y también cómo personalizarla según tus necesidades específicas. La mayor parte de la oración permanecerá igual cada día, y pedirás ayuda para abrirte y reconocer las señales y sincronicidades que se te envíen. Pero también proporciono una sección opcional para invocar ángeles, guías y seres queridos adicionales y específicos para ayudar con cualquier desafío o situación difícil que puedas estar viviendo en ese momento. Por supuesto, cuando lo hagas, debes saber que las respuestas te llegarán a través de señales y sincronicidades, y como lo estás haciendo todos los días, será mucho más probable que recibas las respuestas cuando lleguen.

La oración comienza invocando a tu equipo elevado para ayudar a abrir tu conciencia a las señales y sincronicidades enviadas ese día, y luego invocando al arcángel Miguel para pedir protección. Si eres una persona altamente sensible (PAS), alguien que capta y absorbe las emociones de otros y del ambiente que le rodea, esta parte de la oración te será muy útil. Incluso si no crees que eres así, todos absorbemos energía hasta cierto punto, y el arcángel Miguel puede protegernos de hacerlo. También invoco al arcángel Rafael todos los días, ya que estoy en un viaje de sanación, con la intención de restaurar mi cuerpo hacia una salud perfecta. Creo que muchos de nosotros estamos tratando de sanar algún aspecto de nosotros mismos, ya sea físico o emocional, así que confío en que esto también será beneficioso para ti. Si no, siempre puedes omitirlo.

Justo antes del final de la oración está la oportunidad de incluir cualquier intención o petición especial que puedas tener para ese día. Por ejemplo, podrías estar lidiando con algo relacionado con tu hijo o hija y te gustaría invocar al arcángel Gabriel, que ayuda con todos los aspectos de la crianza y también es muy útil con los niños sensibles. Tal vez, eres un actor haciendo una prueba para un programa de televisión de comedia, así que invocas al espíritu de Lucille Ball, la actriz cómica, para que te ayude a clavar la audición. Si tienes problemas con una de tus mascotas, invoca al arcángel Ariel o a san Francisco de Asís, ya que ambos son conocidos por su trabajo con animales. ¿Problemas en una relación? Invoca al arcángel Camael para ayudar a repararla y encontrar la paz.

Siéntete libre de invocar a quien quieras en esta sección, pero tampoco creas que tienes que añadir algo si no lo necesitas en ese momento. Ya que la oración comienza invocando a tus fuentes elevadas, puedes usar esta sección para compartir cualquier cosa importante con la que necesites ayuda ese día y simplemente pedirle a todo el grupo que te asista. Tanto si tienes que dar un discurso, enfrentarte a familiares en una fiesta donde puede haber tensión, como si estás llegando tarde al trabajo y necesitas que el tráfico sea fluido, todo puede añadirse en esta sección. No hay nada tan grande ni tan demasiado pequeño que no se pueda incluir.

Tengo estudiantes que usan la oración cada mañana antes de levantarse de la cama para comenzar su día, y otros que concluyen una práctica de meditación con ella, como lo hago yo. Encuentra alguna manera de incorporarla a tu rutina matutina, ya sea antes de levantar a los niños para la escuela, después de haberlos dejado, o antes de salir del coche para ir al trabajo. No importa cómo la uses por la mañana, siempre que la uses. Pruébala durante una semana sin saltarte un día, y no sólo comenzarás a ver más comunicación del universo, sino que te sentirás más centrado, menos caótico y listo para enfrentar lo que la vida te depare.

Ejercicio

La Oración matutina

Querido Dios/Universo/Espíritu, me rodeo con tu hermosa luz dorada mientras invoco a mis ángeles, guías, seres queridos que han partido y todos aquellos en mi sociedad del alma –sólo aquellos de la vibración más elevada– para que estén conmigo hoy. Por favor, abrid mis ojos, oídos, corazón y mente a todas las señales y sincronicidades que lleguen hoy a mi camino, y ayudadme a reconocerlas y entenderlas cuando lleguen.

Arcángel Miguel, por favor rodéame con tu luz y protección. Protégeme de absorber o tomar la energía de otros o de los ambientes que encuentre hoy. Por favor, mantenme en un lugar de amor. Arcángel Rafael, por favor, continúa sanando mi cuerpo para que vuelva a un estado perfecto de salud, y envíame a aquellas personas, médicos, sanadores, recursos o métodos que puedan ayudarme a hacerlo.

(Aquí incluyo cualquier intención especial o petición de ayuda con algo en lo que esté trabajando ese día o en general.)

Gracias de antemano por cualquier ayuda que me proporciones hoy, por todo lo que has hecho en el pasado y por todo lo que harás en el futuro. Gracias, gracias, gracias. Amén.

Establecer una intención es una de las cosas más poderosas que puedes hacer para iniciar cambios en tu vida y, cuando reafirmas esa intención cada día, como lo harás con la Oración matutina, aceleras el proceso. No requiere mucho tiempo por la mañana, e incluso puedes acceder a una versión de meditación guiada usando el enlace en la sección de recursos en la página 17. A continuación, aprenderás un paso crucial para abrir la puerta a más señales y sincronicidades, se trata de un paso que creo que la mayoría de la gente no está dando.

Decir sí es coraje. Decir sí es el sol. Decir sí es vida.

SHONDA RHIMES

Capítulo 7

Paso 2: Decir Sí

Lo que estoy a punto de compartir contigo puede parecer simple o incluso obvio, pero, por favor, no permitas que la simplicidad te engañe, porque sin este paso, todos los demás se desmoronan. Estoy hablando de decir sí a las señales y sincronicidades que te llegan. Es una pieza tan crucial de todo el proceso que estás aprendiendo, pero a menudo se pasa por alto y, en algunos casos, se ignora por completo. Si nunca has recibido una señal de un ser querido o del universo, entonces este capítulo es para ti. Y si crees que podrías haber recibido una señal pero la cuestionaste, entonces, este capítulo también es para ti.

¿Has experimentado alguna vez una sincronización perfecta, en la que una persona, objeto u oportunidad aparece de la nada en el momento exacto que lo necesitas o incluso poco después de haberle hablado a alguien sobre tu necesidad? Si la respuesta es sí, ¿descartaste este incidente como una coincidencia y seguiste adelante o lo celebraste y agradeciste al universo el increíble regalo que acababas de recibir?

¿Alguna vez has experimentado algo que se repite en tu vida, como ver o escuchar sobre el mismo libro una y otra vez de diferentes fuentes? ¿Quizás recibiste un correo electrónico sobre él, viste una publicación en Facebook y un amigo mencionó que lo había comprado? Cuando esto sucede, ¿vas y compras el libro, seguro de que el universo te está enviando un mensaje, o lo ignoras, descartándolo como una extraña coincidencia?

¿Alguna vez has visto el nombre de un ser querido en una matrícula mientras te dirigías a una entrevista de trabajo, has visto las luces parpadear durante una cena festiva a la que tu ser querido habría asistido cuando estaba vivo, o has descubierto un rosal –la flor favorita de tu madre fallecida– en el jardín trasero de tu nueva casa, pero luego cuestionaste si era realmente una señal suya?

Si has respondido *sí* a cualquiera de estos escenarios o has experimentado algo similar, entonces es muy probable que hayas estado pasando por alto este paso. Pero no te preocupes, no estás solo. Es humano cuestionar las cosas que no entendemos y, posiblemente, has estado viviendo tu vida sin la conciencia de estas circunstancias.

Así es como suele desarrollarse. Recibimos una señal de un ser querido y nos preocupa que podamos estar interpretando demasiado las cosas o inventando algo que realmente no está sucediendo. Nos decimos: «¿Y si me equivoco? ¿Y si es sólo una coincidencia?». Lo achacamos a ver demasiados programas de médiums o similares en la televisión. Luego llamamos a un amigo o familiar y les explicamos la historia de la señal para poder cuestionarla juntos. Gastamos toda esa energía preguntándonos si es o no una señal hasta que nos convencemos completamente de que no lo es, y perdemos una oportunidad extraordinaria.

Tengo amigos y familiares que a menudo me llaman para compartir la historia de una señal o sincronicidad porque conocen mi trabajo y quieren que confirme que es real. Siempre empiezan con: «Tammy, ha pasado una cosa muy rara y me he acordado de ti». (Para mí, esa frase es en realidad un cumplido). A menudo, la llamada telefónica es su manera de pedir permiso para aceptar la señal como real y escuchar que está bien que crean en ella.

Una vez, una amiga me llamó para explicarme algo que ella pensaba que podría ser una señal de su mejor amiga que había fallecido unos meses antes. Estaba dando un paseo y pensando en su amiga cuando se encontró con una mujer que empujaba a un niño pequeño en un cochecito. Se detuvo a charlar y descubrió que el bebé se llamaba Mack, el nombre de su mejor amiga. Luego, entró en una tienda y escuchó una canción que le recordaba a Mack. Cuando me llamó, necesitaba oírme validar que era efectivamente su amiga quien se comunicaba con ella.

Incluso he tenido amigos que son videntes o médiums que llaman con preguntas sobre si realmente era una señal, así que no te castigues por cuestionarlas, especialmente al principio de este proceso. Es natural, y probablemente has estado rechazando tantas durante tanto tiempo que se ha convertido en algo automático. Pero te aseguro que cuando te convences de que estos milagros no son reales, diciéndote a ti mismo que es sólo «una coincidencia», o dudas de una clara señal de un ser querido porque temes equivocarte, es como poner un freno de 45 kilos al flujo de más señales que vienen hacia ti. Cada vez que rechazas una señal, reduces un poco tu nivel de conciencia.

Por otro lado, cuando dices sí a estos regalos del universo y de tus seres queridos, abres la puerta para recibir más. Empiezas a darte cuenta de los milagros, la guía y el amor que te rodean en todo momento. Ves que tus seres queridos que han fallecido no se han ido, sino que en realidad están más cerca de ti de lo que podrías imaginar. Elevas tu vida. ¿Por qué te vas a negar a eso?

Un regalo de mamá para la nueva casa

Hace dos años, mi marido y yo compramos nuestra primera casa juntos, y me lo estaba pasando muy bien adquiriendo cosas nuevas. Hice un pedido online en Pier 1 Imports, pero cuando llegó faltaba un artículo, y en su lugar había una taza que no había pedido. La saqué y vi que era una hermosa taza de cerámica color marfil con una gran inicial M. Al principio me molestó porque revisé el albarán y vi que el artículo que faltaba estaba efectivamente en la lista, pero no estaba en el paquete, y no había mención alguna de la taza en ninguna parte. Entonces me di cuenta: el nombre de mi madre es Maryann, y M también significa mamá. Este error por parte del equipo de empaquetado de Pier 1 era, en realidad, un regalo de mi madre para hacerme saber que estaba emocionada por la casa nueva. Me había estado sintiendo un poco triste porque ella no estaba físicamente para verla y recordaba cuánto había ayudado a mi hermana con la decoración cuando compró su primera casa. Ésta era su manera de contribuir a la mía desde el otro lado.

Llamé a Pier 1 y expliqué que me faltaba un artículo, y lo enviaron inmediatamente. Les dije que había recibido una taza que no había pedido, pero la representante de atención al cliente no me pidió que la devolviera. Simplemente se disculpó y dijo que enviaría el artículo que faltaba. Eso reforzó aún más el regalo de mi madre.

Si fuera escéptica y no viniera de una posición de decir sí a las señales, podría pensar que la M en la taza era porque mi apellido empezaba con esa letra. Pero la taza no estaba en el albarán, así que no había razón para que alguien la añadiera a mi pedido. Y, seamos sinceros, estoy bastante segura de que Pier 1 no se dedica a regalar tazas gratis como regalo de agradecimiento, así que lo tomé como una señal y un regalo de mi madre. Disfruto viéndola cuando abro mi armario y pienso en mamá cada vez que la uso.

Quiero que tú también experimentes milagros como éste en tu vida, así que, a partir de ahora, necesito que me prometas algo, aquí y ahora mismo. ¿Estás listo? Necesito que me prometas que aceptarás todas las señales y sincronicidades que te lleguen desde este momento en adelante. Tienes mi permiso total para hacerlo –no necesitas ser un amigo o familiar mío, ni llamarme y contarme tu historia (aunque me encanta cuando compartís vuestras historias conmigo en las redes sociales o por correo electrónico)–. Tus seres queridos están comunicándose contigo. El universo está alineando las cosas para tu bien. Así que deja de decir no a todo y empieza a decir sí. ¿Trato hecho? Bien.

Pedir pruebas

Piensa en esto por un segundo: ¿qué pasa si te equivocas sobre una señal? ¿Vendrá la policía de las señales a por ti y te encerrarán? No, no lo harán. ¿Tu cadena de televisión local transmitirá tu error en las noticias de la tarde como el último tonto que pensó que recibió una señal del universo o de un ser querido del otro lado, pero que en realidad está loco? No es probable. Así que, te pregunto de nuevo: ¿qué pasa si te equivocas? La verdad es ésta: absolutamente nada. No te va a pasar nada malo. Nadie irá a por ti. Y si realmente no estás seguro sobre una señal que recibes, la respuesta es muy simple: pide otra.

Hay una técnica en la comedia de improvisación llamada «Sí, y...». Cuando dos personas están trabajando juntas en un *sketch* de comedia, cada participante debe aceptar lo que el otro acaba de decirle y luego expandirlo, de ahí el nombre. Esta técnica también se usa en los negocios cuando se hace *brainstorming* de nuevas ideas o soluciones porque agudiza la habilidad de escuchar y comunicar. En el caso de las señales y sincronicidades, tú eres el que escucha y el universo es el que comunica. Tu respuesta a cada señal debería ser «Sí, y...». Esto puede significar dos cosas, dependiendo de cómo te sientas sobre la señal. Si no estás seguro, quiero que digas sí y luego devuelvas la parte del «y» al universo o a tu ser querido para que la desarrolle y envíe otra señal de confirmación. Cuando pedimos, se nos proporciona siempre mientras sigamos diciendo «sí». La otra opción es recibir una señal que entiendes, aceptas y en la que crees totalmente. En este caso, el «Sí, y...», es decir «Sí, acepto y gracias por esta señal», y el «y» es la anticipación de más señales por venir en el futuro.

Cuando se trata de seres queridos del otro lado, la autora, médium y sanadora Karen Noe, cuyos libros incluyen *Tu vida después de su muerte*, enseña lo que ella llama señales «sin ninguna duda». Éstas son señales que encontramos fácilmente reconocibles como algo conectado a un ser querido que ha fallecido. Esto puede incluir oler su perfume favorito o el humo de su pipa de repente cuando eres el único en casa o un reloj que se detiene a las 12:15 y su cumpleaños es el 15 de diciembre.

Hace unos años, mi hermana y mi sobrino estaban sentados en la isla de su cocina que tiene cuatro lámparas colgantes. El nombre de mi madre surgió en la conversación, y la lámpara colgante que estaba directamente sobre sus cabezas parpadeó unos segundos. Mi hermana, una gran creyente en las señales del otro lado, le dijo a mi sobrino que era la abuela Maryann, nuestra madre, y que la abuela podía oír su conversación. Él no la creyó. ¡Así que hizo exactamente lo que te estoy enseñando aquí: pidió una prueba!

Miró directamente a la lámpara y dijo: «Abuela Maryann, si has sido tú, haz que esta luz parpadee otra vez... ahora mismo». Y justo cuando dijo la palabra «ahora», la luz se atenuó y volvió a encenderse. Mi sobrino se quedó boquiabierto y dio un brinco totalmente atónito. Mi hermana sonrió y dijo: «Te lo dije». Esto es, sin duda, una señal. Por supuesto, no siempre son tan obvias, y nuestros seres queridos no siempre envían una señal o prueba según demanda. Pero, cuando les pides una señal o una segunda señal para probar que la primera era de ellos, siempre proporcionan una. De hecho, la realidad es que quieren comunicarse contigo. Están muy felices por complacerte y hacerte saber que están cerca, ven lo que está pasando en tu vida, y te aman tanto como lo hacían cuando estaban aquí en forma física. Lo mismo ocurre con tus guías y ángeles y el mismo universo. Sólo recuerda mantenerte abierto a lo que te llega y decir «sí» cuando llegue. Cuando lo haces, mantienes la puerta divina abierta para mucho más.

Una prueba para mi guía

Las señales y la sincronicidad son lo mío: son lo que me guía, me dirige, me anima y me aporta alegría. Pero incluso yo cuestiono las cosas de vez en cuando. Un día decidí poner a prueba a una de mis guías para asegurarme de que realmente era mi guía en esta vida. Hace años, poco después de empezar *Elevated Existence Magazine,* me presentaron a una autora y psicóloga que incorporaba prácticas espirituales en su consulta como una posible entrevista para la revista, y cuando me senté para mi primera reunión con ella, me miró y dijo: «Tienes una hermana llamada Gina». Levanté las cejas, tratando de recordar cuándo le había revelado esta información, y dije que sí, descubriendo que era médium y mi madre estaba allí para compartir información conmigo. Desconcertada pero gratamente sorprendida, escuché todo lo que decía, y uno de los mensajes era que la Virgen María era una de mis guías. Como yo había crecido como católica, y con una abuela y una madre que eran extremadamente devotas de la Virgen María –algo que esta mujer no tenía forma de saber antes de nuestra reunión pero que me lo confirmó a través de otros mensajes–, en realidad, tenía mucho sentido para mí, pero siempre me pregunté si era verdad. Así que usé el ejercicio del capítulo 4, «Asignar una señal», para comprobarlo. Esto es lo que dije al final de mi meditación como parte de mi Oración matutina:

«Santísima Virgen María, si realmente eres una de mis guías en esta vida, ¿puedes enviarme la señal de la rosa hoy? Prometo estar abierta a ella. Gracias, gracias, gracias».

Luego me senté en mi oficina, y mis ojos se dirigieron a las tarjetas de mensajes diarios que tengo en mi escritorio. Cada día les doy la vuelta para revelar un dicho diferente y, antes de pasar a la siguiente vi que el mensaje estaba escrito sobre el fondo de una rosa roja. Mi pensamiento inmediato fue: «Bueno, eso no cuenta porque era la tarjeta de ayer». ¿Ves? ¡Yo también lo hago! Pero la diferencia es que apliqué la técnica del «Sí, y…» y dije: «Vale, Virgen María, si esa eras tú, ¿puedes mostrarme una rosa más hoy?». Y entonces me puse en mi ordenador y me puse a trabajar.

No mucho después de pedir una segunda rosa, se me ocurrió la idea de leer un mensaje que había recibido hacía un tiempo, lo cual hago alguna vez que busco respuestas. Mientras leía la primera parte del mensaje, vi las palabras «detente y huele las rosas». Sentí escalofríos en la espalda y supe que ése era el segundo mensaje, y agradecí a la Virgen María por las señales y por ser una de mis guías… y, por supuesto, por enseñarme esta lección que, sin duda, sabía que compartiría en este libro para ayudar a otros.

Sólo recuerda, de ahora en adelante dirás sí a todo lo que te llegue, y, si no estás seguro, especialmente cuando empiezas tu viaje de señales y sincronicidades, pide otra señal. Haz del «Sí, y…» tu nuevo mantra y observa cómo los milagros ocurren.

Señales de manifestación

¿Alguna vez has tenido la experiencia de querer algo para ti y luego encontrarte con otras personas que ya lo tienen? Tal vez, estás intentando quedarte embarazada, y de repente tu compañera de trabajo y una de tus buenas amigas te dicen que están esperando un bebé. O necesitas un coche nuevo y quieres un Range Rover. No puedes permitírtelo todavía, y entonces ves que alguien publica en Facebook que acaba de alquilar uno. Quizás has estado trabajando en manifestar algo en tu vida, e incluso has creado un tablero de visión para lo que quieres atraer, pero todo lo que ves son otras personas manifestando tus propios sueños. Eso es totalmente molesto, ¿verdad? Es decir, ¿por qué el universo te está restregando por la cara el hecho de que no tienes lo que quieres y otras personas sí?

Bueno, no es así. En realidad, te está mostrando señales de lo que tú también eres capaz de lograr, y te está haciendo saber que está en camino. Es como los anuncios en el cine, esas películas aún no han salido, pero llegarán pronto. Empieza a ver lo que otras personas tienen como tus próximos estrenos, como el tráiler de tu propia película personal. Empieza a celebrar y a decir: «Sí, el universo me está recordando que lo que quiero es posible, y está llegando», y deja de molestarte y comparar tu vida con la vida de otros, odiándolos secretamente por tener lo que tú quieres. Deja de permitir que te frustre y te haga sentir mal sobre tus condiciones de vida actuales. Es hora de replanteártelo y verlo como señales de que estás en camino. Puedes tener, ser y hacer todo lo que desees; fuiste creado así. Esto significa que, si ves a alguien más que logró lo que tú quieres, tú también puedes hacerlo, y el universo te está enviando una señal para hacértelo saber. Otras personas a menudo sirven como espejos en tu vida, ayudándote a ver cosas sobre ti mismo, tanto buenas como malas, y el universo las usará para llamar tu atención.

Lo mismo ocurre cuando te encuentras con algo que ni siquiera te habías dado cuenta de que querías hasta que viste a alguien más con ello. Podrías estar navegando por Facebook y ver a una amiga que recibió un ascenso que lo celebraba con su familia. En lugar de enfadarte con tu jefe y sentirte mal porque tu carrera no está donde quieres que esté, considéralo como una señal del universo de que tú también eres capaz de más. Si no puedes obtener más de tu puesto o empresa actual, toma esto como una señal para empezar a buscar en otro lugar donde puedas crecer y avanzar.

Recuerda, el universo siempre está comunicándose contigo, y siempre es para tu bien. Si algo llega a tu conciencia, préstale atención. Si ya estás tratando de traerlo a tu vida y ves que alguien más lo logra, tómalo como una señal positiva de que también está en camino hacia ti. Si es algo que ni siquiera te habías dado cuenta de que querías pero ahora sí, tómalo como una señal de que es posible, y comienza un plan para crearlo en tu vida.

Cuidado con el apego

Hay una advertencia sobre decir sí a las señales que tengo que mencionar, sobre todo cuando buscas orientación o una respuesta a algo como: «¿Debería comprar este coche?» o «¿Debería terminar esta relación?». Cuando hay apego emocional a una situación, se hace mucho más difícil mantener la objetividad, y esas emociones nublarán tu juicio. Cuando realmente quieres que un resultado sea de cierta manera, de repente, puedes empezar a encontrar «pruebas» a tu alrededor porque sólo estás buscando cosas que coincidan con aquello a lo que estás emocionalmente apegado en ese momento, y podrías incluso estar bloqueando señales que apuntan en la dirección opuesta.

Esto es especialmente cierto cuando se trata de las relaciones. En el pasado, cuando estaba en una relación que sabía que no era saludable para mí, romántica o de otro tipo, algo dentro de mí sabía la verdad, pero aun así me llevó un tiempo alejarme. Las relaciones son el lugar más fácil para tener apego emocional, y las señales pueden ser fácilmente malinterpretadas. Podrías estar cuestionando la relación y luego encontrar una bonita tarjeta que la persona te dio y pensar que es una señal de que el universo te está diciendo que aguantes. O, tal vez, llega a casa con flores una noche, aunque la semana anterior las peleas fueron implacables, y dices: «¿Ves? El universo quiere que lo arregle». Esto probablemente no es el universo. Éste es tu propio apego emocional interponiéndose en tu camino para poder ver la situación con claridad. En casos como éste, realmente necesitas a un tercero que te ayude a ver más allá de tus propios sentimientos y pensamientos.

Por esto los videntes y médiums a menudo dicen que no pueden leerse a sí mismos. Nos apegamos emocionalmente a cosas, personas y situaciones en nuestras propias vidas, y es muy difícil mantener la objetividad. Cuando uses cartas del oráculo, cartas del tarot, o incluso un péndulo, es mejor que alguien más saque la carta o pregunte al péndulo por ti para indagar sobre decisiones en las que podría haber apego emocional o una carga emocional en relación con esa situación. Y déjame ser muy clara aquí: el universo y tus ángeles, guías y seres queridos del otro lado nunca te guiarán para permanecer en una situación que sea dañina o negativa para ti de alguna forma. Tampoco te guiarán a comprar algo cuando tienes deudas o a hacer algo que te pondría a ti o a alguien más en peligro. El universo siempre tiene en mente tu bien mayor, y eso no incluye nada de lo anterior. Siempre intento mirar las cosas en mi propia vida como si estuviera aconsejando a un amigo, cliente o estudiante. Si les dijera que lo que están haciendo probablemente no es una buena idea, entonces, es muy improbable que el universo les diga (o me diga) que sigan adelante.

Dicho esto, cuando se trata de señales de seres queridos haciéndote saber que están cerca, simplemente, di sí. Y si no tienes apego emocional a algo y eres guiado hacia un libro particular, médico, o algo más que en última instancia te ayudará de manera positiva, simplemente, di sí. Sin embargo, si te sientes emocionalmente apegado a un resultado, busca consejo de una parte neutral.

Estoy segura de que algo en este capítulo te ha recordado algún momento en el que cuestionaste o ignoraste una señal en el pasado. Ya lo has visto, ¡yo también lo hago de vez en cuando! Pero ahora que has acordado aceptar las señales que te llegan, especialmente cuando vienen de seres queridos que han fallecido, estás listo para los siguientes dos pasos de este proceso: notar y capturar. Primero voy a enseñarte consejos para ayudarte a notar o percibir las señales cuando lleguen. Luego hablaremos sobre cómo capturarlas para que no las olvides y puedas mirarlas retrospectivamente para encontrar sincronicidades en el futuro, así como empezar a crear tu propia guía de recursos de señales.

El verdadero viaje de descubrimiento no consiste en buscar nuevos paisajes, sino en tener nuevos ojos.

MARCEL PROUST

Capítulo 8

Pasos 3 y 4: Notar y capturar

En el capítulo 5 has aprendido cómo empezar a domar el caos en tu vida para que las señales y sincronicidades puedan llegar a tu conciencia. Al establecer tu intención con la Oración matutina cada día en el capítulo 6, y decir sí a las señales que llegan a tu camino en el capítulo 7, estás bien encaminado para sincronizarte con el universo para que puedas escuchar los mensajes que te está enviando. Ahora podemos pasar al paso 3, notar, y al paso 4, capturar. Voy a compartir consejos y estrategias para ayudarte a notar las señales a tu alrededor cada día, y luego capturarlas para que puedas empezar a crear tu propia guía de referencia que te ayude en el futuro. Capturar también te ayudará a conectar las sincronicidades mientras aparecen en tu vida. Además, notar señales y sincronicidades también incluye descubrirlas en tu propio pasado, asimismo, te proporcionaré un ejercicio para ayudarte a hacerlo en este capítulo. Una vez que empieces a ver las conexiones milagrosas que ya han tenido lugar en tu propia vida, tendrás más probabilidades de reconocerlas en el futuro. También aumentará tu fe en el universo y hacia dónde te está guiando porque verás cómo te ha guiado en cada paso del camino hasta ahora.

Frases clave

Como he explicado anteriormente, la mayoría de las personas descartan las señales y sincronicidades del universo al considerarlas coincidencias o un golpe de buena suerte y no desear profundizar para descubrir lo milagroso de estas circunstancias aparentemente ordinarias. ¡Pero después del último capítulo, tú ya no eres una de esas personas! Ahora estás diciendo sí a las señales que llegan a tu camino, así que quiero compartir algunas frases clave a las que puedes empezar a prestar atención –ya sean dichas por ti o por alguien a tu alrededor– que pueden darte pistas sobre las señales y sincronicidades que ocurren. Estas frases pueden activarte para prestar atención en el momento porque es probable que haya un mensaje del universo en progreso. En realidad, son frases bastante comunes, pero hasta ahora, probablemente nunca las habías conectado con señales y sincronicidades. Aquí están las frases a las que debes empezar a prestar atención:

¡Vaya, qué coincidencia!
¡Fue en el momento preciso!
Justo estaba buscando eso.
He estado tratando de resolverlo, ¡y aquí está la respuesta!
Esto es exactamente lo que estaba buscando, y ahora está aquí.
Es justo lo que necesito ahora mismo.
Éste debe ser mi día de suerte.
Es tan raro/extraño/loco.
Y pasó la cosa más extraña/rara...
¿No es eso un poco loco/raro/extraño?
De repente, de la nada...

Cuando te oigas a ti mismo o a alguien más diciendo algo relacionado con lo anterior, tómalo como una señal para mirar más profundamente lo que está sucediendo en ese momento. La «coincidencia» o el «momento preciso» o la respuesta que estabas buscando apareciendo «de la nada» o el suceso «extraño» o «raro», todo eso son probablemente señales de que el universo está tratando de llamar tu atención o proporcionarte una respuesta que necesitas. Tengo una amiga con la que me reúno al menos una vez al mes, aunque sea por teléfono, para ponernos al día y aconsejarnos mutuamente sobre nuestros respectivos negocios. Intentamos convertir esto en un grupo de mentores y añadir más personas en el pasado, pero nunca funcionó. Después de reconectar con alguien que conocía un par de años antes, tuve la idea de pedirle que se uniera a nuestro grupo. Programamos un tiempo para charlar y cuando lo mencioné ella dijo: «Vaya, esto es tan loco. Justo estaba hablando con mi amiga Jessie, y ambas dijimos que queríamos empezar un grupo de mentores para negocios, pero no estábamos seguras de a quién preguntar. Acabamos de decir que, cuando fuera el momento adecuado, lo sabríamos. Lo que es aún más loco es que se suponía que me reuniría con ella anoche, pero lo cancelamos y voy a hablar con ella esta noche, así que le preguntaré qué piensa».

Fíjate en que la frase «vaya, esto es tan loco» lo empezó todo. Eso es sincronización perfecta, y eso es el universo. Además, resulta que las tres tenemos el mismo agente literario. ¿No te encanta cómo se alinean estas cosas? Si te encuentras diciendo una de las frases clave o alguna versión de ellas, que sepas que tus ángeles, guías y el universo te están ofreciendo una mano amiga. Tal vez, pediste orientación y se te proporcionó una respuesta, o tal vez ese suceso lleno de «suerte» está reforzando que estás en el camino correcto con algo en tu vida. Como ya he dicho, no hay accidentes ni coincidencias. El universo siempre sabe lo que está haciendo.

Visitando el pasado en busca de pruebas

No soy partidaria de revisar el pasado, especialmente si conduce al arrepentimiento o al malestar. El pasado ya pasó, y el lugar más importante en el que centrarse es el presente, donde podemos visualizar el futuro que queremos co-crear con el universo y disfrutar de cada momento según sucede. Sin embargo, cuando se hace con intención y un objetivo, como descubrir la causa de una creencia limitante para poder sanar en el presente, o descubrir detalles que pueden ayudarnos a traer positividad a nuestro presente y futuro, entonces estoy totalmente a favor. Y éste es definitivamente el caso cuando se trata de sincronicidad. Puedes leer todas las historias del mundo sobre las sincronicidades de otras personas y creerme cuando digo que el universo siempre está trabajando para tu bien mayor, pero hasta que realmente no veas cómo se conectan los puntos en tu propia vida, hasta que puedas mirar atrás y encontrar la prueba de que todo en tu vida te está llevando a algún lugar para un bien mayor, siento que ese concepto simplemente no termina de calar del todo. Y hasta que no lo comprendes de verdad, no puedes aprovechar al máximo todas las recompensas que trae consigo.

En el capítulo 3, te hice crear una línea temporal de tu vida hasta ahora, donde anotaste todos los eventos importantes y significativos ya experimentados, tanto positivos como aparentemente negativos, para que pudieras empezar a conectar los puntos en tu pasado. Ahora vas a dar un paso más allá para profundizar en ese ejercicio. El objetivo es encontrar algunas de las razones y el significado que hay detrás de los eventos en tu pasado, ya sea conocer a alguien nuevo, ser despedido de un trabajo o mudarte a otra ciudad. Un ejemplo perfecto es un amigo mío que creció en Nueva Jersey y luego se mudó a California porque una mujer con la que estaba saliendo se trasladó a vivir a ese estado. Esa relación al final terminó, pero él decidió quedarse en California. Poco después, se encontró con su amor del instituto, que también se había trasladado a California desde Nueva Jersey. Hoy están felizmente casados, y si él no hubiera seguido a la otra mujer hasta California, este reavivamiento del viejo amor podría no haber ocurrido. El universo utilizó la relación que no funcionó para llevarlo a otro estado para que pudiera reconectarse con su alma gemela.

El ejercicio «Sigue las huellas» te ayudará a hacer zoom en detalles como éste y descubrir las fuerzas sincrónicas que subyacen en los eventos de tu vida. Una vez que empiezas a hacer las preguntas correctas y a rastrear los eventos en tu pasado, puedes descubrir el significado que hay en las cosas que podrían haberte parecido sin sentido anteriormente. Una vez tuve una estudiante que me desafió sobre esto, diciendo que fue a la universidad para obtener un título en Psicología y no está haciendo nada relacionado con ese título. Me preguntó cuál era el propósito de haber estudiado eso y haber ido a esa universidad si no iba a hacer nada con ello. Empecé a hacerle las preguntas que te harás a ti mismo en el siguiente ejercicio, y resultó que había conocido a su prometido en la universidad. Creo que ésa es una razón bastante buena para haber asistido a esa universidad, ¿no crees? ¿Trabajaba como psicóloga? No, pero trabajaba como *coach* de vida intuitiva, y la formación que recibió para su título definitivamente le ayudó mucho.

Ejercicio

Sigue las huellas

Saca la Línea temporal de tu vida del capítulo 3. Si no la hiciste, elige un evento importante en tu vida y haz este ejercicio. Al responder las siguientes preguntas sobre un evento específico o una persona concreta en tu vida, estarás siguiendo las huellas en tu pasado para que puedas encontrar las conexiones sincrónicas que te guiaron en el camino, aunque probablemente no fueras consciente de ellas en ese momento. Este ejercicio se puede hacer tantas veces como quieras para vincular todos los eventos en tu línea temporal. ¡Prepárate para asombrarte con algunas de las cosas que vas a descubrir!

Preguntas para Seguir las huellas

- Escribe el nombre de una persona o un evento que fue significativo en tu vida (tu cónyuge, mejor amigo, ser despedido de un trabajo, etc.).
- ¿Por qué ese evento o persona fue significativo en tu vida?
- ¿Cómo conociste a esta persona, o qué/ quién llevó a que ese evento sucediera?
- ¿Qué tuvo que suceder antes de esto para que ocurriera?
- ¿A dónde te llevó más adelante conocer a esa persona o asistir a ese evento?
- ¿Qué podría no haber sucedido si no hubieras conocido a esa persona o asistir a ese evento?
- ¿Qué te enseñó esa persona o ese evento o que te ayudó a entender?

Aquí expongo cómo respondería yo las preguntas para Seguir las Huellas usando un ejemplo de mi vida:

Escribe una persona o evento que fue significativo en tu vida (tu cónyuge, mejor amigo, ser despedido de un trabajo, etc.). ➔ *Dana*

¿Por qué ese evento o persona fue significativo en tu vida? ➔ *Me asesoró en la creación de mi primer encuentro Vivir una Existencia Elevada, que ahora está en su séptima temporada y me ha ayudado a hacer crecer mi negocio enormemente. También me presentó a otros dos emprendedores al invitarme a unirme a un grupo de* mastermind, *que ha sido esencial para mi crecimiento personal y profesional.*

¿Cómo conociste a esa persona o qué llevó a que ese evento sucediera? ¿Quién o qué te llevó a esto? ¿Qué tuvo que suceder para que esto ocurriera? ➔ *Después de pedir Ayuda superior, me vi llevada a inscribirme en un encuentro de otra persona, donde obtuve la idea de crear el mío propio. La investigación en línea me llevó a Dana, a quien recordaba de haber recibido correos electrónicos en el pasado cuando ella estaba dirigiendo sus propios encuentros. Decidí enviarle un correo y preguntarle si podía consultarle algunas dudas.*

¿A dónde te llevó más adelante conocer a esa persona o asistir a ese evento? ➔ *El encuentro que creé con su orientación fue un gran éxito. Mi audiencia creció y mi negocio ganó más dinero ese año que nunca. Mantuvimos el contacto a lo largo de los años, y en 2015 me invitó a formar parte de un pequeño grupo de* mastermind *de emprendedores que ha sido invaluable para mi crecimiento personal y profesional.*

¿Qué podría no haber sucedido si no hubieras conocido a esa persona o asistir a ese evento? ➔ *Podría haber contratado a las personas equivocadas (ella me alejó de alguien con quien originalmente estaba considerando trabajar), y podría incluso no haber lanzado el encuentro o no haber tenido la confianza para hacerlo sin su consejo y dirección. Tampoco formaría parte de este grupo de* mastermind, *donde conocí a otras dos personas que me están ayudando de innumerables maneras. No tendría el crecimiento que tengo hoy sin ellos.*

¿Qué te enseñó esa persona o ese evento o te ayudó a entender? ➔ *Dana enseña sobre el poder de una mentalidad positiva, y me ha ayudado a tener más confianza, a obtener más conocimiento de marketing y a creer en mí misma y en mis habilidades. Formar parte del grupo de* mastermind *me ha deparado oportunidades y recursos que no habría tenido sin él.*

Capturar pruebas

Cada vez que notes que estás diciendo una de las frases clave, reconozcas una señal de un ser querido o seas consciente de cualquier señal o sincronicidad, es importante que la captures y la anotes inmediatamente antes de olvidarla. A lo largo del día, cuando encuentres una señal o una experiencia sincrónica, escríbela. Yo uso la aplicación de notas de mi teléfono cuando estoy fuera y luego lo transfiero a un diario por la noche, pero también puedes llevar un pequeño cuaderno dedicado específicamente a capturar las señales que experimentas. De cada una, anota la fecha, la señal, por qué era significativa y de quién crees que proviene, incluso si no estás seguro. Al hacer esto, estarás reforzando la señal en tu mente, dejando que el universo o tu ser querido sepan que lo has recibido, y lo anotarás en tu diario nocturno, que explicaré a continuación. El diario te ayudará esencialmente a hacer un seguimiento de todo para uso y referencia futuros, y también a crear tu propio manual de señales.

Como he explicado en el capítulo 4, nuestros seres queridos suelen utilizar señales únicas para ellos o significativas para nosotros, por lo que es importante hacer un seguimiento del lenguaje que utilizan para llamar nuestra atención. Incluso descubrirás que cada ser querido usa diferentes señales y símbolos para comunicarse, así que es importante hacer un seguimiento para reconocerlos en el futuro. Por ejemplo, si tu padre era fumador, podría usar el olor a tabaco para llamar tu atención, mientras que, si tu abuela amaba las mariposas, las usa para hacerte saber que está cerca.

Hace poco, en un supermercado, escuché la canción «More Than a Feeling» de Boston. Esta canción me recuerda a mi madre porque literalmente tiene su nombre, MaryAnn, en ella. Sé que mi madre usa su nombre para llamar mi atención, y ya había escuchado esta canción antes y pensado en ella. Es ahora una señal que usa una y otra vez para llamar mi atención. Saqué mi teléfono móvil y, en la sección de notas, escribí la fecha, el nombre de la canción y que la había escuchado en el supermercado. También podría anotar si estaba pensando en algo en particular en ese momento o pasando por algo significativo en mi vida como razón por la que ella quería que supiera que estaba allí.

Otro ejemplo de cómo el universo llamó mi atención fue a través de un mensaje de texto. Estaba en un grupo de Whatsapp con mi equipo de *mastermind* y envié una larga frase pidiendo su opinión. Una persona me respondió preguntando si podía abreviarla, así que lo hice. Tan pronto como envié la frase abreviada, me escribió exactamente la misma frase, editada exactamente igual. Fue increíble, y supe que era el universo respondiéndome a través de esa persona. Lo escribí para poder recordar el apoyo que recibí. También sé que el universo y mis seres queridos usarán mi teléfono móvil para llamar mi atención de varias maneras, y lo sé porque he seguido la pista de estos acontecimientos en el pasado.

Si te tomas el tiempo para estar presente y anotar cada señal, seguramente es más probable que luego las recuerdes. Por tanto, cuando el universo use una señal repetidamente para llamar tu atención y para dirigirte en una nueva dirección, serás más consciente de percibirla. También podrás revisar tus notas y conectar más fácilmente los puntos de sincronicidad, así como detectar repeticiones que podrías haber pasado por alto. Si intentas retener toda esta información en tu cabeza, es más fácil que algo se te olvide o te pase desapercibido.

Tu diario nocturno de señales y sincronicidad

Ha llegado el momento de llevar la captura de señales al siguiente nivel creando tu propio diario nocturno de señales y sincronicidad. No importa si es un elegante diario de cuero artesanal o un simple cuaderno de espiral. Sólo quiero que utilices algo que vayas a usar exclusivamente para hacer un seguimiento de tus señales y sincronicidades. Esto te permitirá capturar todo lo que te sucede durante el día y luego anotar ideas usando el ejercicio de Repaso de tu día que encontrarás más abajo. También tomarás nota aquí de las señales de seres queridos para crear tu guía de referencia.

Cuando abras el cuaderno o diario, sugiero que uses las páginas del lado izquierdo para escribir la fecha y responder a todas las preguntas del ejercicio de Repaso de tu día *(véase* a continuación) y las páginas del lado derecho para tu guía de referencia de seres queridos u otras señales del universo. Aquí podrás anotar señales de diferentes seres queridos, una nueva señal que el universo ha usado para llamar tu atención, números repetitivos, etc. Busca en Internet el significado metafísico del número y anótalo en esta sección para recordarlo.

El ejercicio de Repaso de tu día debe realizarse cada noche y sólo te llevará un par de minutos. También puedes revisarlo una vez por semana o una vez al mes para ver lo que has anotado y así poder detectar algún patrón, repetición o conexión sincrónica. Cuanto más lo hagas, más consciente serás de las señales, la orientación y la dirección del universo y de tus seres queridos mientras sucede. Por ejemplo, si escribes el nombre de un libro que alguien te mencionó el lunes, y al siguiente miércoles te encuentras con el libro de nuevo, recordarás haberlo escrito y sabrás que probablemente es un libro que necesitas leer.

Ejercicio

Repaso de tu día

Aunque irás capturando las señales que notes a lo largo del día en tu diario, hay otros acontecimientos que pueden ser útiles para rastrear sincronicidades en el futuro. Por ejemplo, tal vez hayas comenzado una nueva clase, escuchado el título de un libro que quieres leer o conocido a alguien. Del mismo modo que te animo a escribir las señales en cuanto ocurren para no olvidarlas, es útil repasar tu día cada noche para anotar cualquier cosa significativa por la misma razón. Piensa en ello como si pulsaras el botón de rebobinado de tu vida y luego le dieras a reproducir. Comenzarás en el momento en que te levantas y verás la película de tu día desarrollarse en tu mente.

He creado las siguientes preguntas de ritual nocturno para ayudarte a hacer un inventario de tu día y ser más consciente de los mensajes y las orientaciones sutiles del universo. Mientras te haces cada pregunta, repasa el día en tu mente para responderlas. También consulta cualquier nota que hayas tomado durante el día y asegúrate de pasarlas a tu diario. Responder a estas preguntas cada noche también está preparando tu mente para ser más consciente de los acontecimientos diarios. Esto abrirá aún más tu conciencia, permitiéndote notar las respuestas a estas preguntas a medida que ocurran.

- ¿Ha ocurrido algo hoy que yo consideraría una coincidencia?
- ¿Me he encontrado con algo de lo que había oído hablar antes de hoy (es decir, el título de un libro, un médico, una nueva dieta)?
- ¿Me ha enviado hoy el universo algún refuerzo o confirmación sobre algo en lo que estoy pensando hacer? (Por ejemplo, quieres aprender más sobre punto y te encuentras con un anuncio online de una clase

en tu ciudad, o te gustaría encontrar un estudio de yoga en tu zona y un compañero de trabajo menciona que se ha apuntado a uno).

- ¿He conocido a alguien hoy o me he encontrado con alguien a quien no veía desde hace tiempo? Si es así, ¿qué ha pasado?
- ¿Ha ocurrido algo hoy (o he visto/escuchado/sentido/olido algo) que me haya recordado a un ser querido fallecido?
- ¿Ha sucedido algo sorprendente hoy? ¿Algo ha funcionado inesperadamente? ¿Me ha llegado una respuesta para resolver un problema? Si es así, ¿cuál era y cómo ha sucedido?

Ejercicio

Cristales para abrir la conciencia

Todos los cristales tienen su propia energía única, a continuación tienes una lista con los que pueden ayudarte a abrir tu conciencia, aumentar la intuición e incluso atraer la sincronicidad. Pueden usarse por toda la casa, llevarse en un bolso o bolsillo, y también sostenerse mientras dices tu oración matutina o invocas ayuda superior. Tengo una piedra de angelita en mi sala de meditación para sostenerla cuando hablo con mis ángeles y guías, y tengo una geoda de celestita en mi dormitorio que ofrece energía calmante a ese espacio y me ayuda a conectar con mis recursos elevados en mi estado de sueño.

Angelita: Como piedra de intensa comunicación, te ayudará a elevar tu conciencia, así como a conectar y comunicarte con ángeles y guías.

Apofilita: Excelente para la meditación y abrir la intuición, esta piedra también puede ayudarte a recibir mensajes de ángeles y guías.

Celestita: Al igual que la angelita, es de color azul y puede ayudarte a conectar con los ángeles. También es una piedra muy calmante, ideal para tener en tu dormitorio o incluso junto a tu cama.

Fluorita: Vincula tu mente al universo, aumenta la intuición y te conecta con los reinos espirituales. La fluorita púrpura, en particular, puede ayudar a abrir tu conciencia intuitiva y a mejorar la comunicación con el universo, ángeles y guías.

Labradorita: A menudo se la considera una piedra mágica, se dice que aumenta la ocurrencia de sincronicidad y abre la intuición. También puede ayudar a proteger tu aura y defenderte contra la negatividad.

Piedra lunar: Ayuda a abrir tu mente a las sincronicidades de la vida y mejora la intuición y el equilibrio emocional.

Las señales y sincronicidades están ocurriendo a tu alrededor todo el tiempo, y ahora tienes nuevos consejos y herramientas para ayudarte a abrir tu conciencia para que puedas empezar a notarlas cuando lleguen. Y al capturarlas cada día, serás consciente de mucho más porque estarás prestando atención regularmente. Una vez que despiertes esta parte de tu mente, comenzarás a mirar la vida de una manera nueva y más mágica. Encontrarás significado en lo que parece carecer de él y comenzarás a crear un diálogo con el universo y tus seres queridos del otro lado, lo que te ayudará a guiarte, protegerte y aumentar tu fe en todos los aspectos de la vida. El siguiente y último paso del proceso es gestionar tu vibración, porque cuanto más altas sean tus vibraciones, más abierto estarás al universo y a sus mensajes.

No puedes percibir lo que no está en tu frecuencia vibratoria.

DARRYL ANKA

Capítulo 9

Paso 5: Alcanzar una vibración más elevada

Todo lo tratado en este libro hasta ahora ha estado orientado a expandir tu conciencia sobre las señales y sincronicidades que ocurren en tu vida, que están siendo enviadas para ayudarte, guiarte y tranquilizarte. Este capítulo te introduce en el paso 5 del proceso, llevando todo lo que has aprendido hasta ahora al siguiente nivel. Es hora de alcanzar una vibración más elevada y aprender herramientas y técnicas para ayudarte a mantener tus vibraciones altas durante todo el día. ¿Por qué? Porque cuanto más alta sea tu vibración, más fácil será conectar con tus recursos elevados para poder ver y escuchar los mensajes que te llegan.

Entender las vibraciones

Todo en este universo está compuesto de energía, incluyendo el libro (o lector electrónico) que tienes en tus manos en este momento, la superficie en la que estás sentado o recostado e, incluso, tu propio cuerpo físico. Todo vibra a una cierta frecuencia y, cuanto más alta, mejor. Cuando vibras a una frecuencia más alta, te sientes bien, estás en sintonía para recibir lo que deseas y puedes conectar con tus ángeles, guías y seres queridos que han fallecido, incluyendo reconocer y recibir sus señales.

Sabiendo esto, el objetivo obvio sería alcanzar una vibración más elevada y mantenerte en ese estado el mayor tiempo posible. Es maravilloso tener momentos elevados en nuestra vida donde todo parece fluir suavemente y nos sentimos genial, pero vivir en una existencia elevada, donde la elevación es tu modo normal y sólo ocasionalmente bajas a vibraciones más bajas es algo muy diferente. Y además te diré que tienes control sobre tu vibración, y hay herramientas y prácticas que pueden ayudarte no sólo a elevar tus vibraciones, sino también a mantenerlas altas el mayor tiempo posible.

Nadie es perfecto, y todos tenemos momentos o días malos cuando algo inesperado surge o nos encontramos preocupados, ansiosos o tristes por una situación en nuestra vida. Pero, cuanto más aprendas a impulsar tu vibración y permanecer en ese espacio increíble, más notarás cuando salgas de él y podrás volver rápidamente. Recuerda, cuanto más altas sean tus vibraciones, más sincronizado estarás con el universo y sus mensajes para ti. Además, el efecto secundario es que te sentirás más feliz y atraerás más. Ése es un efecto secundario con el que puedo estar de acuerdo, y supongo que tú también.

Señales y tu vibración

Así como tú vibras a una cierta frecuencia, tus ángeles, guías y seres queridos que han fallecido también vibran a un cierto nivel. Dado que están en forma espiritual y se han desprendido de la densa energía que viene con el cuerpo físico, están vibrando mucho más alto que aquellos de nosotros que aún vivimos en este mundo físico. Si le preguntas a cualquier médium que transmite mensajes de seres queridos desde el otro lado, te dirá que para recibir los mensajes, debe elevar intencionalmente su vibración, y nuestros seres queridos deben bajar intencionalmente su vibración.

Esto es aún más importante cuando se trabaja con ángeles o maestros ascendidos porque están en un nivel aún más alto que nuestros seres queridos en el espíritu. Tienes que elevar y gestionar tu vibración de manera regular para recibir los mensajes que te están enviando. Si no lo haces, es como poner un letrero de «calle cortada» entre el espíritu y tu mente consciente; los mensajes no pueden pasar. Por supuesto, siguen ocurriendo, pero no serás consciente de ellos.

¿Dónde está tu frecuencia?

La buena noticia es que tienes el cien por cien de control sobre tu frecuencia y el nivel de tu vibración, lo que también significa que tienes más control sobre la recepción de señales y sincronicidades del universo de lo que podrías pensar. La mala noticia es que la mayoría de las personas no tienen ni idea de a qué nivel están vibrando o cómo elevar intencionalmente su vibración incluso cuando lo saben. Ya he hablado sobre el dominar el caos anteriormente en este libro, ya que éste es el primer paso para obtener más control sobre tu vibración. Ahora debemos llevarlo al siguiente nivel.

¿Sabes qué vibración tienes ahora mismo? Cuando hago esta pregunta a mis clientes y estudiantes de mis cursos, a menudo escucho: «Seguro que está baja» o «No lo sé». La pregunta de seguimiento que siempre hago es: «¿Cómo te sientes en este momento?». La forma en que te sientes es un indicador inmediato de en qué vibración estás en cualquier momento. Si la respuesta es que te sientes feliz, agradecido, esperanzado o incluso simplemente contento, entonces tu vibración está en el extremo más alto. Si respondes con sentimientos como frustrado, preocupado o abrumado, estás descendiendo al extremo más bajo del espectro, y si las palabras «ansioso», «deprimido» o «temeroso» vienen a tu mente, estás necesitando seriamente un impulso.

¿Qué causa que tu vibración caiga en picado? Quedarte atrapado en el caos de la vida cotidiana y permitir que afecte tus emociones y ello conlleve preocupación, ansiedad, estrés y miedo. Estar rodeado de personas negativas o en entornos negativos donde recibes una energía que no es tuya (vuelve al ejercicio del Escudo, en el capítulo 5, para saber cómo protegerte de la energía de otras personas). Los pensamientos y las creencias negativas que dan vueltas en tu cabeza también afectan directamente a tus emociones, que a su vez afectan a tu vibración. Perderte en el arrepentimiento del pasado o la preocupación por el futuro significa que no estás en el momento presente, donde están ocurriendo las señales. Todo esto te saca del flujo y de la sintonía con el universo y, si no estás sincronizado, no notarás las señales, incluso si las pides. Recuerda: cuando tus vibraciones están bajas, estás fuera de flujo. Cuando tus vibraciones están altas, el universo te responde.

Lo primero que debes hacer cuando descubres un estado emocional negativo es ir directamente a tus pensamientos. Pregúntate: «¿En qué estoy pensando ahora mismo, y sobre qué he estado pensando o hablándome durante el día de hoy?». Tus pensamientos son el principal contribuyente a tu estado emocional. Los pensamientos negativos producen emociones negativas, lo que equivale a una vibración más baja. Los pensamientos positivos crean emociones positivas, lo que equivale a una vibración más alta. Por eso en la comunidad espiritual a menudo escuchas que la gente dice que si cambias la forma de pensar, puede cambiar toda tu vida. Cambiar tus pensamientos en cualquier momento te devuelve el control de tu vibración y te vuelve a sincronizar con el universo. La felicidad está solo a un pensamiento de distancia.

Elevar las vibraciones

Lo más poderoso que puedes hacer para elevar tu vibración es conectar con las emociones de amor y gratitud. Puede parecer un cliché, pero es realmente la forma en que funciona el universo. Cuando sostienes pensamientos de amor, gratitud y aprecio, irradias esa energía al mundo que te rodea y tu vibración se elevará. Tus ángeles, guías y seres queridos del otro lado existen el cien por cien del tiempo en esta gloriosa vibración elevada y, cuanto más te conectes con ella, más te conectarás con ellos (y sus mensajes). Cuando estés sintiéndote negativo y te des cuenta de que tus propios pensamientos están contribuyendo a ese estado, cambiar a la gratitud puede detener rápidamente la espiral descendente.

Existen numerosos estudios sobre la gratitud que muestran que las personas que la practican en su vida diaria tienen menos problemas de salud, mayor felicidad y menos depresiones. De hecho, un estudio llegó a la conclusión de que escribir un diario de gratitud durante tan sólo quince minutos cada noche puede incluso mejorar el sueño. A continuación, te comparto un ejercicio que puedes usar para elevar tu vibración en cualquier momento. Recomiendo realizar este ejercicio a lo largo del día para que puedas mantener tus vibraciones altas.

Ejercicio

Impulso de ánimo en 3 minutos

Este ejercicio puede realizarse en tres minutos o menos, y te ayudará a elevar intencionalmente tu vibración. Es rápido y sencillo, pero muy efectivo. Se puede hacer en cualquier lugar y momento del día en que necesites un impulso.

Paso 1: Observa tus pensamientos (30-60 segundos)

En cuanto empieces a sentir cualquier emoción negativa, el primer lugar al que mirar es tu propia mente. Pregúntate: «¿En qué he estado pensando? ¿Qué me está molestando ahora mismo?».

Paso 2: Reinicia tu mente (30-60 segundos)

Cierra los ojos y concéntrate en tu respiración. Repite la palabra «liberar» en tu mente mientras liberas intencionalmente todos los pensamientos negativos que te han llevado a tu estado emocional actual.

Paso 3: Conéctate con la gratitud (30-60 segundos)

Cambia tu enfoque hacia lo positivo conectándote con las cosas por las que estás agradecido en este momento. Si estás preocupado por algo específico que causó tus pensamientos negativos, puedes enfocar tu gratitud en esa área. Por ejemplo, si estás descontento con tu trabajo, cambia a «Estoy agradecido por mi trabajo porque me permite comprar las cosas que necesito, como comida y ropa, y pagar mis facturas, como el alquiler o la hipoteca. Estoy agradecido por la experiencia que estoy acumulando y podré usarla para que me ayude a conseguir un nuevo trabajo en el futuro. Estoy agradecido por las tres semanas de vacaciones que tengo cada año».

Sin embargo, también puedes centrarte en la gratitud por cualquier cosa que hay en tu vida, como tu pareja que te cocinó la cena la noche anterior o la tarjeta de cumpleaños que te hizo tu hijo el mes pasado. Tu mente no puede pensar dos cosas a la vez, así que, cuando te focalizas en lo bueno, no te preocupas por lo que falta o es desafiante, lo que sólo hundiría tu vibración, te haría atraer más de lo que no quieres y perder las señales del universo.

Paso adicional: Entrega tus preocupaciones

Si te encuentras consumido por la preocupación sobre algo que está sucediendo o un problema que necesita una solución, toma 30-60 segundos adicionales y entrega la preocupación o preocupaciones al universo para que se resuelvan para el bien de todos los involucrados. Cuando entregas intencionalmente tus preocupaciones y desafíos al universo y pides ayuda, no sólo te liberas de ello, sino que también te abres a las señales y la orientación. Para cada preocupación que entregues, simplemente di:

> *Universo, te entrego esto para que lo resuelvas. Por favor, envíame las señales y la orientación necesaria para poder encontrar una solución para mi bien más elevado de todos los involucrados. Confío en ti y te lo entrego. Gracias.*

Prácticas de gratitud

Además del Impulso de ánimo en 3 minutos, hay otras formas de incorporar la gratitud en tu vida diaria para elevar tu vibración. He aquí algunas otras para poner en práctica:

Comienza tu día con gratitud

Tanto si tienes un diario de gratitud en el que escribes cada mañana o simplemente enumeras en voz alta tres cosas por las que estás agradecido antes de salir de la cama por la mañana, cuando inicias tu día en la vibración de la gratitud, comiénzalo con vibraciones altas.

Termina tu día con gratitud

Cada noche escribo cinco cosas que ocurrieron durante el día y por las que estoy agradecida, ya sea ayuda de un amigo, de mi marido que ha comprado la cena en su camino de regreso del trabajo, o un correo electrónico de un estudiante que comparte su éxito con mis enseñanzas. Me asegura terminar mi día en una vibración elevada, sintiéndome bien. De nuevo, puedes usar un diario o pensar en algunas cosas por las que estás agradecido antes de cerrar los ojos por la noche.

Añade gratitud a tus descansos de 60 segundos

En el capítulo 5, he compartido contigo el poder de los descansos de 60 segundos para traerte de vuelta al momento presente, dominar el caos en tu vida y elevar tu vibración a lo largo del día. Para un impulso adicional, al final de los 60 segundos, antes de abrir los ojos, nombra un par de cosas por las que estás agradecido y, realmente, siente esa gratitud en tu corazón. Si puedes, intenta nombrar cosas diferentes cada vez, ya sea algo del presente o de cuando eras niño. El objetivo es centrarse en el sentimiento de aprecio y reconocer lo bendecido que estás y has estado a lo largo de tu vida.

Gratitud enfocada

Si estás pasando por un momento complicado en un área de tu vida, ya sea dinero, trabajo, salud o una relación, al practicar la gratitud, intenta centrar tus esfuerzos en lo que estás tratando de cambiar. Esto cambiará tu energía sobre ella y también la energía alrededor del desafío. Por ejemplo, si tienes problemas con alguien en tu vida, cuando practiques tu gratitud matutina, piensa en cosas por las que estás agradecido relacionadas con esa persona. Puedes hacer lo mismo para tu gratitud vespertina o durante tus descansos de 60 segundos. Hazlo durante una semana y te sorprenderás de cómo la relación se repara por sí misma.

Encuentra la abundancia

Nos centramos tan a menudo en lo que falta en nuestra vida que nos vemos todo lo que ya poseemos. Si quieres impulsar tu vibración con gratitud y atraer más abundancia a tu vida, camina por tu casa y observa todo lo que tienes ahora. Mira toda la ropa que tienes, cosméticos, platos y cristalería en la cocina, e incluso la comida en el refrigerador. Por alguna razón, tiendo a coleccionar mantas. Tengo suficientes para diez o más invitados que podrían tener frío cuando visiten mi casa, pero no puedo resistirme a las nuevas cuando me las encuentro. Siente cuán abundante eres ya y da las gracias por el dinero para comprar cada artículo o por las personas que te los regalaron.

Gratitud por las señales

Cada vez que reconozcas una señal del universo o de tus seres queridos del otro lado, detente y tómate un minuto para estar agradecido, no sólo por ellos por enviar la señal y la orientación, sino también por ti mismo por notarlas cuando llegan. Hacer esto te preparará para recibir aún más en el futuro.

Configura una alarma de gratitud

Configura una alarma en tu teléfono móvil o reloj para que suene un par de veces durante el día y, si puedes, añade la palabra «gratitud». Cuando suene la alarma, detente y nombra tres cosas por las que estás agradecido en ese momento.

Cómo mantener tus vibraciones altas

Además de usar la gratitud a lo largo del día, hay otras herramientas que pueden ayudarte a alcanzar (y mantener) una vibración más alta. Éstas incluyen lo que escuchas durante el día, hacer cosas que te hacen feliz, los alimentos y bebidas que consumes, meditación y atención plena, uso de la visualización, elevar tu entorno y proteger tu vibración de la negatividad. Implementar algo de cada una puede hacer maravillas para mantener tu vibración elevada. A continuación, sigue un análisis más profundo de cada una de ellas, con recomendaciones para ayudarte a implementarlas en tu vida:

Escuchar vibraciones elevadas

Una de las formas más fáciles de mantener tu vibración elevada es controlar lo que escuchas durante el día, incluyendo música, radio, pódcasts o vídeos. Esto también incluye las noticias de la mañana y de la noche. Entiendo que quieras estar informado, pero sabes que esto afecta a tu vibración, así que necesitarás elevarla de nuevo cuando termines de ver o escuchar algo. Personalmente, no veo las noticias y prefiero leer en línea cuando quiero saber más sobre algo que está sucediendo en el mundo. Si los medios de comunicación se centraran más en informar sobre historias positivas, estaría totalmente a favor, pero ése no es el caso en este momento, al menos no en Estados Unidos. Para mí, es simplemente una gran dosis de miedo y tristeza, y sé que soy sensible a ello. Si eres un adicto a las noticias, intenta evitarlas durante un par de días y observa si notas una diferencia en cómo te sientes.

Por otro lado, puedes optar por llenar tus oídos e inyectar tu vibración con una dosis de positividad y amor, eligiendo conscientemente la música, pódcasts o vídeos que escuchas o ves durante el día. El uso de la música en particular como terapia ha demostrado reducir el dolor, calmar la ansiedad y mejorar la salud mental en general. De hecho, el carácter chino de la medicina incluye el carácter de la música. Hoy en día existen muchas fuentes de música de alta vibración. Puedes descargar música en tu teléfono móvil e incluso transmitir música en directo utilizando una variedad de dispositivos.

Una de mis fuentes favoritas de música de alta vibración para un efecto positivo en el cuerpo y la mente es el trabajo de Don Campbell, cuyo libro de gran éxito *El efecto Mozart* revela que exponer el cuerpo y la mente al sonido y otras formas de vibración tiene un efecto sostenido en un individuo. Este autor también ha publicado varios álbumes de música diseñados para cambiar el cerebro con propósitos específicos, desde la relajación y la curación hasta la creatividad y el aprendizaje.

Sigue tu alegría

Si los sentimientos positivos equivalen a una vibración más alta, entonces hacer cosas que te traigan alegría es una forma ideal de mantener tus vibraciones a un nivel más alto. Si puedes encontrar tiempo cada día para hacer algo que te haga sentir feliz, por pequeño que sea, te elevarás a un estado vibracional más alto, incluso si es tomando el café de la mañana en tu cafetería favorita. Cuando trabajaba en Nueva York, una compañera y yo teníamos un ritual diario de ir al Starbucks más cercano, y lo esperaba con ilusión todos los días. También me encanta leer y siempre estoy buscando aprender cosas nuevas, así que cada noche espero con ganas sumergirme en un libro (normalmente estoy leyendo más de uno al mismo tiempo) antes de dormir. Leer y aprender me aporta alegría, ya sea un libro de autoayuda, una biografía o un libro de negocios.

Otra opción es pasar tiempo con tu mascota. No puedes evitar sentir alegría cuando estás con tus animales porque irradian la vibración del amor incondicional. Incluso ver uno de tus programas de televisión favoritos, esperándolo todo el día, puede darte un impulso de alegría.

Mi marido y yo somos adictos a los concursos de repostería de Food Network. En serio, ya sea de otoño, primavera o el campeonato infantil de repostería, estamos totalmente enganchados. Nos lo pasamos genial viéndolos juntos. Si tienes un pasatiempo creativo como tejer, coser o hacer joyas, o disfrutas restaurando coches y motocicletas antiguas o restaurando muebles, asegúrate de reservar tiempo cada semana para centrarte en ello, aunque sólo sea una hora. Estarás elevando tus vibraciones, conectándote con el universo y alineándote con las señales y sincronicidades que te rodean.

¡Y para todas esas tareas en tu lista que no te traen alegría, tengo una solución en el siguiente ejercicio!

Ejercicio

Infúndele alegría

Tómate al menos treinta minutos para hacer el siguiente ejercicio. Yo lo enseño en mi clase anual de cada diciembre «Cómo crear un año elevado» porque es una gran manera de prepararse para la energía de un nuevo año, pero se puede hacer en cualquier momento. Debes revisar todo lo que haces a diario, cada semana, cada mes o cada año y tomar nota de las cosas que te aportan alegría y las que no. Para las que no vamos a encontrar una manera de solucionarlo.

Paso 1: Hacer inventario

Haz una lista de todas las cosas que haces diariamente, semanalmente, mensualmente, trimestralmente o anualmente. Las cosas diarias pueden incluir preparar el desayuno, llevar a los niños al colegio, parar para tomar un café camino al trabajo, trabajar en tu empleo, cocinar la cena, acostar a los niños. Lo semanal podría ser limpiar la casa, hacer la compra y la colada. Lo mensual, trabajo voluntario o pagar facturas. También, repasa mes a mes para identificar cosas que puedas hacer anualmente. Quizás organizas una fiesta de San Valentín en febrero o la cena de Acción de Gracias en noviembre.

Paso 2: Evaluar y elevar

El objetivo es que todo lo que hagas te resulte alegre. Uno por uno, repasa cada elemento de tu lista y pregúntate lo siguiente:

- *¿Me hace sentir bien cuando lo hago? ¿Lo disfruto?* Si la respuesta es sí, pasa al siguiente elemento de la lista. Si la respuesta es no, pregúntate:

- *¿Puedo eliminarlo? ¿Puedo dejar de hacerlo o reducir su frecuencia?* Si la respuesta es no, continúa con la siguiente pregunta.
- *¿Puedo delegarlo? ¿Puedo contratar a alguien más para que lo haga o pedir ayuda a un amigo, pareja o familiar?* Por ejemplo, si no disfrutas haciendo la compra, ¿puedes pedir la compra online y que te la entreguen? ¿Puedes apartar algo de dinero para contratar un equipo de limpieza una o dos veces al mes? Si la respuesta es sí, pasa al siguiente elemento de la lista. Si la respuesta es no, continúa con la siguiente pregunta.
- *¿Cómo puedo hacerlo más alegre?* Si no puedes eliminarlo ni delegarlo, ¡la única opción es elevarlo! Pregúntate cómo puedes hacer más alegre la actividad mientras la realizas. Por ejemplo, prueba a escuchar un pódcast motivador o un audiolibro mientras limpias la casa, haces la colada, cocinas o te desplazas al trabajo. También podrías recompensarte por realizar la actividad, así que después de limpiar puedes pasar una hora en un *hobby* que disfrutes o ponerte al día con tus series favoritas. Y, por supuesto, siempre puedes usar el poder de la gratitud y enumerar tres cosas positivas sobre la actividad antes de realizarla. Si es la limpieza semanal, puedes concentrarte en cuánto disfrutas de un entorno sin desorden una vez terminada la limpieza, e incluso usar el tiempo para dar las gracias por todos los objetos que estás limpiando. Si estás descontenta en el trabajo, céntrate en la gratitud por el salario, que tu puesto te permita trabajar a veces desde casa, o que el trayecto sea rápido y fácil para ti.

Paso 3: Pasar a la acción

Ahora que has descubierto qué te trae alegría y qué no, y has hecho un plan para lo que no es tan alegre, ¡es hora de pasar a la acción! Elimina y delega lo que puedas, ¡y eleva el resto!

Alimentos y bebidas

Todo es energía y tiene una vibración, incluyendo los alimentos que comes y los líquidos que bebes. No estoy aquí para predicar una dieta o una forma de comer específica; sólo quiero que seas consciente de que lo que tomas en tu cuerpo afecta tu vibración. Consumir alimentos azucarados la bajará, mientras que las frutas y verduras orgánicas la elevarán.

¿Dónde puedes añadir alimentos integrales, no procesados de alta vibración en tu dieta a lo largo del día? ¿Puedes picar fruta, prepararte zumos frescos o batidos por la mañana, o cocinar y hornear tus propias comidas en lugar de optar por productos envasados para controlar los ingredientes?

Lo mismo sucede con lo que bebemos. Los refrescos y zumos procesados con azúcar tendrán una vibración más baja que el zumo orgánico recién exprimido y el agua filtrada. El mejor ejemplo de cómo un líquido, específicamente el agua, puede contener una vibración es el trabajo del científico japonés Masaru Emoto y su libro *Los mensajes ocultos del agua*. Él descubrió cómo los pensamientos, palabras y sentimientos pueden tener un impacto en el agua y, a su vez, en la tierra y nuestra salud.

Mediante fotografía de alta velocidad, reveló cómo se formaban cristales en el agua congelada, cómo cambiaban según los pensamientos dirigidos a ellos y la diferencia entre agua de manantial pura y agua contaminada. El agua de manantiales claros expuesta a palabras amorosas mostraba cristales hermosos como copos de nieve, y el agua contaminada, o expuesta a pensamientos y palabras negativos, formaba patrones incompletos con colores apagados.

Si estás bebiendo agua u otra bebida durante el día, intenta usar botellas o recipientes con afirmaciones positivas o símbolos. Incluso puedes comprar botellas de vidrio con cristales de gemas integrados para impulsar la vibración de lo que estás bebiendo. También decir una breve oración sobre una bebida puede infundirla de amor.

Si no estás seguro de la vibración de un alimento o bebida y el efecto que tendrá en tu cuerpo, puedes hacer una prueba muscular. El test muscular, conocido como kinesiología aplicada, es una forma de usar el cuerpo para acceder a la mente subconsciente. David R. Hawkins aborda este tema en profundidad en su libro de gran éxito *El poder contra la fuerza*. Puedes hacer que te haga el test un compañero o hacerlo tú mismo usando los siguientes métodos.

Ejercicio

Test muscular en pareja

Si eliges a un compañero para que te haga el test muscular, comienza sosteniendo el alimento la bebida en tu mano izquierda, contra tu torso o chakra del plexo solar, que está entre la caja torácica y el ombligo. Luego extiende tu brazo derecho paralelo al suelo. Mientras aprietas los músculos del brazo levantado para resistir, haz que alguien presione hacia abajo y trate de bajarlo hasta tu costado. Si tu brazo se debilita y tu compañero puede bajarlo, es un alimento o bebida de baja vibración y no es una buena opción para tu cuerpo. Si tu brazo se mantiene fuerte y puedes resistir, es una elección de alta vibración.

Ejercicio

Autotest muscular

La forma más fácil de hacerse un test muscular a uno mismo se conoce como método de pie. Lo primero que necesitas es determinar tu sí y tu no. Para hacerlo, ponte de pie con los pies ligeramente separados y distribuye tu peso uniformemente en la punta y el talón de cada pie. Puedes tener los brazos a los costados y, si te sientes cómodo, cierra los ojos.

Di en voz alta «Muéstrame mi sí» y observa hacia qué lado se balancea tu cuerpo. A menudo se balanceará hacia delante para un sí, pero observa lo que te dice tu cuerpo. También puedes decir una afirmación verdadera, como «Mi nombre es ____________» y decir tu nombre. Una vez que tengas tu sí, recolócate y di en voz alta «Muéstrame mi no». Presta atención de nuevo a hacia qué lado se balancea tu cuerpo. Para muchas personas, el cuerpo inclinándose hacia atrás o alejándose significa un no. También puedes decir «Mi nombre es ____________» y mencionar un nombre diferente al tuyo para encontrar tu no.

Una vez que hayas establecido tu sí y tu no, puedes empezar a probar alimentos y bebidas, o cualquier otro artículo que quieras probar, incluyendo productos corporales, maquillaje y vitaminas. Usando ambas manos, sostén el artículo que estás probando contra tu torso o chakra del plexo solar, que está entre la caja torácica y el ombligo. Ponte de pie con los pies ligeramente separados y equilibrados, y luego cierra los ojos. Ni siquiera necesitas preguntar nada, simplemente observa hacia dónde se balancea tu cuerpo. Si obtienes un sí, es un artículo beneficioso. Si obtienes un no, no lo es. También puedes decir «Este producto es beneficioso para mi cuerpo» y ver cuál es la respuesta de esa manera.

Meditación y atención plena

Además de tomar tus descansos de 60 segundos como una forma de meditación y atención plena, hay otras formas de meditación que pueden ayudarte a alcanzar y mantener una vibración más alta. Escuchar meditaciones guiadas puede ser un impulso instantáneo, y también puedes usar mantras (una palabra o sonido repetido, como *Om* o *Amor*) o alargar tus descansos de 60 segundos a 3 o 10 minutos cada vez. También puedes llevar la atención plena a una tarea rutinaria para traerte de vuelta al momento presente y sacarte de tus pensamientos. ¿Alguna vez has probado lavarte los dientes o fregar los platos con atención plena? Lo único que necesitas es concentrarte únicamente en lo que está sucediendo en ese momento. Si te estás lavando los dientes, sintoniza cómo se ve la pasta de dientes en el cepillo y cómo se siente el cepillo contra tus dientes y encías. Observa el sabor de la pasta de dientes y cómo te hace sentir la boca. Si estás fregando los platos a mano, sintoniza cómo fluye el agua del grifo y baila sobre cada plato o utensilio, cómo se siente el jabón en tus manos y respira el aroma del líquido para fregar platos. Apenas un par de minutos de atención plena en diferentes tareas te ayudarán a gestionar tu vibración.

Una de mis formas favoritas de meditación es la Kirtan Kriya, una meditación de yoga kundalini que usa cánticos y mudras, o posturas de los dedos. Ya la he mencionado antes cuando he hablado de cómo el universo me bombardeó con señales hasta que finalmente presté atención. Una vez que investigué los beneficios y la probé yo misma, quedé enganchada. Lo que me encanta de esto es que si eres alguien que tiene dificultades para quedarse quieto y meditar por su cuenta, la Kirtan Kriya es una meditación más activa. Tradicionalmente se practica durante 12 minutos, y ha sido estudiada y ahora promocionada por la Fundación de Investigación y Prevención del Alzheimer debido a sus efectos positivos en el cerebro, incluyendo la cognición y la memoria. Practicar la Kirtan Kriya puede ayudar a equilibrar tu mente, reducir el estrés, mejorar la química cerebral y el sueño y, por supuesto, elevar tu vibración. Se puede hacer diariamente o en cualquier momento que necesites centrarte y cargar tus vibraciones.

Ejercicio

Meditación Kirtan Kriya

Aunque la Kirtan Kriya se practica tradicionalmente durante 12 minutos, se divide en segmentos de tiempo donde estás cantando en voz alta, luego en voz suave, y luego en silencio. Los dos últimos segmentos invierten el proceso, donde cantarás en voz suave y finalmente en voz alta completa para terminarlo. Por este motivo, recomiendo descargar la aplicación gratuita Kirtan Kriya Timer en la que suena una campana cada vez que necesitas cambiar para que no te preocupes por controlar el tiempo tú mismo. Éstos son los componentes que forman esta práctica:

Los cuatro sonidos de canto sánscrito son Sa Ta Na Ma. Esto se traduce como nacimiento, vida, muerte y renacimiento, y proviene del mantra Sat Nam usado en yoga kundalini y que significa «mi verdadera esencia». Este canto se hace con una voz cantarina, como «Saaaa, Taaaa, Naaaa, Maaaa».

Para cada sílaba que cantas, hay un mudra, o posición de los dedos, que usarás con ambas manos:

- Al cantar Sa, tocas el dedo índice con el pulgar en cada mano.
- Al cantar Ta, tocas el dedo medio con el pulgar en cada mano.
- Al cantar Na, tocas el dedo anular con el pulgar en cada mano.
- Al cantar Ma, tocas el dedo meñique con el pulgar en cada mano.

Mientras cantas, tus ojos están cerrados y mirando hacia arriba detrás de los párpados hacia el centro de la frente, donde reside el chakra del tercer ojo. Visualiza una luz blanca entrando por la corona de la cabeza formando una forma de L y saliendo por el chakra del tercer ojo.

Mientras cantas, haces los mudras y visualizas la luz blanca con los ojos cerrados y la mirada en el tercer ojo, los 12 minutos se dividen así:

- Durante 2 minutos, cantas en voz alta completa.
- Durante 2 minutos, cantas en voz suave y susurrante.
- Durante 4 minutos, cantas en silencio para ti mismo.
- Durante 2 minutos, cantas en voz suave y susurrante.
- Durante 2 minutos, cantas en voz alta completa.

Para salir de la meditación, inhala profundamente y estira los brazos y manos hacia el cielo por encima de la cabeza, y luego, con un movimiento amplio y fluido, haz un barrido con las manos hacia abajo hasta el costado mientras exhalas. Para un vídeo que te guíe a través de la meditación, ve al enlace en la sección de recursos en la página 17.

Uso de la visualización

Otra actividad útil en tu caja de herramientas de mantenimiento vibracional es la visualización. ¿Sabías que varios estudios científicos han demostrado que el cerebro no distingue entre un recuerdo real y algo imaginado? Esto significa que si imaginas algo vívidamente en tu mente y le añades emoción, cambia tu química cerebral, y tanto la mente como el cuerpo creen que es real. La visualización incluso se ha utilizado para ayudar a las personas a desarrollar nuevas habilidades más rápidamente, y se ha demostrado que es igual de efectiva que practicar la habilidad realmente.

En su libro *Cómo tu mente puede sanar tu cuerpo*, David Hamilton habla del uso de la visualización para sanar el cuerpo y cita un estudio realizado con participantes que practicaban piano. La mitad del grupo ensayaba una secuencia de cinco dedos en un piano imaginario durante dos horas al día, mientras que la otra mitad practicaba lo mismo en un piano real. Los resultados muestran que las personas que lo visualizaron experimentaron los mismos cambios neurológicos y reducción de errores que aquellas que lo practicaron físicamente en el piano.

He creado el siguiente ejercicio de visualización para ayudarte a sincronizarte y conectarte con el universo y elevar tu vibración instantáneamente. Se puede hacer durante el tiempo que quieras, ya sean 60 segundos, 3 minutos o más.

Ejercicio

La visualización de reconexión

Esta rápida meditación y visualización puede utilizarse en cualquier momento que quieras fortalecer y reconectar con tu conexión inherente al universo y potenciar tu vibración. Una vez que lo aprendas, el proceso puede hacerse tan lenta o rápidamente como desees. Utiliza mudras de yoga, o posiciones de manos, donde el dedo índice y medio se presionan contra el pulgar en cada mano. Esto se debe a que el pulgar representa la conciencia universal, el dedo índice representa la conciencia individual y el dedo medio, la conexión.

Para comenzar, presiona tu pulgar contra el dedo índice y medio en cada mano. Cierra los ojos. Expulsa todo el aire del estómago por la boca contrayendo el estómago, y luego inhala profundamente por la nariz, expandiendo el abdomen y respirando durante cuatro segundos. Mantén el aire un momento y luego suéltalo por la boca lentamente durante cuatro segundos, terminando con el estómago contrayéndose mientras expulsas el último resto de aire por la boca. Haz esto tres veces.

Imagina una luz blanca arremolinada y brillante que desciende desde arriba hacia la coronilla de tu cabeza. Observa cómo forma espirales por encima de tu cabeza, abriéndose camino desde la Fuente y tus ángeles y guías, y moviéndose lentamente hacia abajo en dirección a la coronilla de tu cabeza.

Ahora, visualiza una luz dorada brillante saliendo de la coronilla de tu cabeza y girando hacia arriba, arriba y arriba, moviéndose hacia la luz blanca de la Fuente.

La luz desde dentro de ti se mueve hacia el exterior para conectarse con la energía pura de la Fuente de amor. Observa cómo estas dos corrientes de luz brillante giran en espiral la una hacia la otra hasta encontrarse en el medio. Siente la sacudida de energía cuando las corrientes se conectan y tu corazón se abre a los sentimientos de amor y protección que ofrece.

Obsérvalas ahora girando juntas mientras el calor de la luz comienza a llenar tu cuerpo y tu mente. Las dos corrientes son ahora una, y tú estás realineado con el universo. Observa cómo la corriente de luz vuelve a entrar por la coronilla de tu cabeza y se absorbe completamente en tu cuerpo hasta que todo él brilla desde dentro con esta energía. La luz continúa extendiéndose unos centímetros más allá de tu cuerpo. Siente el calor de la energía de la Fuente: amor incondicional puro.

Ahora, repite en voz alta o en silencio:

Estoy conectado. Soy amor. Soy uno con mi Fuente.
Estoy conectado. Soy amor. Soy uno con mi Fuente.
Estoy conectado. Soy amor. Soy uno con mi Fuente.

Y cuando estés listo, abre los ojos.

Cómo elevar tu entorno

Ya sea tu hogar, espacio de trabajo o el coche, los entornos en los que pasas más tiempo tienen un efecto en tu vibración. Igual que puedes potenciar e influir en tus propias vibraciones, puedes hacer lo mismo con tu entorno. Eliminar el desorden (que es un imán para la energía negativa y las vibraciones bajas) y usar cristales y sahumerios puede obrar maravillas para las vibraciones que te rodean.

Analicemos primero el desorden. Es literalmente un vampiro energético. Chupa toda la positividad de cualquier área donde se acumula, dejando sólo vibraciones negativas. Imagina entrar en una cocina llena de platos sucios en el fregadero, platos limpios apilados en un escurreplatos, montones de correo en un rincón de la encimera y cajas vacías de envíos amontonados en el suelo. Ahora, imagina entrar en una cocina limpia con la encimera despejada, un fregadero vacío y nada apilado. Imagínate entrando en tu dormitorio con una cama sin hacer, montones de ropa sucia en el suelo, envolturas de comida en la mesilla de noche y desorden en la parte superior de la cómoda. Imagínate también entrando en una habitación con la alfombra recién aspirada, la ropa guardada en el cesto de la ropa sucia, una cama hecha y una mesilla de noche y la parte superior de la cómoda despejadas.

¿Has podido notar la diferencia en tu mente y cuerpo al imaginar entrar en una habitación desordenada frente a hacerlo en una limpia? El desorden equivale al caos y la energía negativa. Si tienes mucho desorden, hazlo poco a poco, habitación por habitación, y comienza a organizarlo todo. Sé que cuando me tomo el tiempo de limpiar el desorden que se acumula en diferentes partes de la casa, la energía se siente del todo diferente cuando termino, y simplemente me hace más feliz. Lo mismo vale para tu coche y tu espacio de oficina, incluso si es sólo un escritorio o un cuarto minúsculo. Deshazte de las tazas de café vacías, papeles y otros objetos que se han colado en tu coche. Sé que en un momento determinado tenía tres esterillas de yoga en el asiento trasero. ¡Nadie necesita llevar tres esterillas de yoga a menos que sea dueño de un estudio de yoga! También me aseguro de retirar los papeles y otros objetos que se han acumulado en mi escritorio al menos una vez a la semana, ya sean cartas, documentos o botellas de agua.

Ejercicio

Limpiar el ambiente

Este ejercicio te ayudará a limpiar la energía de cualquier lugar, así como de los cristales u objetos del entorno. Para realizarlo, puedes hacer un sahumerio quemando salvia, incienso aromático o un palo santo. También puedes usar un spray o un difusor en el área durante un par de horas.

Si eliges hacer el sahumerio quemando o rociando, te recomiendo repetir las siguientes palabras mientras caminas por la habitación, asegurándote de incluir todos los objetos de la habitación, cada sección y rincón:

Limpio toda la energía negativa de este espacio. Limpio todas las formas de pensamiento negativo, emociones negativas, energía dejada por situaciones estresantes y cualquier cosa que no sirva para mi bien y para el de todos los que viven aquí. Limpio esta energía ahora y la reemplazo con amor puro, luz y positividad.

Si eliges diluir aceites en diferentes habitaciones, puedes ponerte en el centro de la habitación y repetir estas palabras una vez mientras enciendes el difusor.

Cuando el desorden esté despejado, puedes mejorar la vibración y energía de tu entorno usando gemas y cristales. Recomiendo usar esferas redondas o grupos de geoda, ya que tienden a dispersar y radiar la energía en todas las direcciones. Podrías poner un corazón de cuarzo rosa en tu mesilla de noche para infundir amor en el dormitorio. De hecho, tengo uno junto a una foto de mi marido y yo en la esquina de relaciones según el mapa bagua de Feng Shui, que es la esquina derecha al entrar por la puerta de la habitación. Tengo la misma configuración en la esquina superior derecha del escritorio de mi oficina.

Otras gemas útiles para potenciar la vibración de tu entorno doméstico y conectar con tus ángeles y guías incluyen:

Amatista: Esta piedra de cuarzo de alta vibración se denomina a menudo piedra universal porque funciona a muchos niveles. Ayuda a elevar tu conciencia y conectarte con tu intuición.

Cuarzo transparente: Esta gema no sólo elevará la energía de cualquier otro cristal con el que entre en contacto, sino que también elevará tu energía. Funciona en todos los niveles, tanto del cuerpo físico como energético, así como en todos los chakras, lo que la convierte en una piedra curativa.

Celestita: Como vibra a una alta frecuencia, esta hermosa piedra azul claro puede ayudar a limpiar cualquier entorno en el que se coloque y lo llenará de energía positiva. Puede ayudarte a sentirte seguro y protegido y también conectarte con el reino angélico.

Angelita: Otra piedra azul que te puede ayudar a conectar con el reino angélico y tus guías espirituales, irradia paz y tranquilidad en cualquier entorno.

Ágata de encaje azul: Esta piedra tiene exactamente el aspecto que su nombre describe, azul claro con encaje blanco atravesándola. Aporta la energía de la calma y la paz mental a cualquier entorno y también puede ayudar a sanar emociones negativas.

Al usar cristales en tu entorno o llevarlos contigo, es esencial limpiarlos periódicamente de cualquier energía que puedan absorber. Para hacerlo, puedes colocarlos en el exterior durante una tormenta de lluvia o Luna nueva para limpiar y recargar, o bien usar sahumerio. Esto se puede hacer quemando salvia, incienso aromático o un palo santo y pasando el cristal a través del humo. Y hablando de limpieza, hay que hacer lo mismo con tu entorno.

Esto es especialmente importante después de que venga gente o cuando alguien haya tenido una discusión en una habitación determinada. Las personas y las situaciones dejan energía a su paso, y no quieres que ésta arrastre tus vibraciones. Lo mismo sirve para tu coche o tu espacio de trabajo. Si no quieres quemar nada o no puedes porque estás en el trabajo, intenta usar aceites esenciales de salvia, incienso o un palo santo. También hay varios sprays con aromas de sahumerios que se pueden comprar y usar con comodidad.

Gestionar tu vibración y mantenerla alta es esencial para ser consciente de los mensajes que te envía el universo y tus seres queridos. Este capítulo te ha ofrecido una variedad de opciones y herramientas para utilizar durante el día para que puedas potenciar tu vibración, así como técnicas para mejorar la vibración de tu entorno. Pruébalas, elige las que resuenen y funcionen para ti, y no sólo notarás más señales y sincronicidades, sino que también sentirás más alegría en tu vida. El próximo y último capítulo de este libro te ayudará a detectar y eliminar cualquier bloqueo o creencia que pudiera estar impidiendo que las señales fluyan hacia ti.

> **Siempre obtienes lo que inconscientemente crees y esperas.**
>
> JOE VITALE

Capítulo 10

Eliminar los bloqueos

Siempre que te encuentres atascado, ya sea en un patrón repetitivo o en una situación donde no logras crecer y avanzar en algún área de tu vida, es muy probable que una o más creencias limitantes te estén frenando. ¿Sigues atrayendo al mismo tipo de hombre o mujer, sólo que con cuerpos diferentes? ¿Te saboteas a ti mismo con miedo y dudas cada vez que estás cerca de conseguir algo que deseas? Y ¿te cuesta recibir señales del universo o de un ser querido que ha fallecido?

Quizás ya has intentado algunos de los ejercicios de este libro y aún no has recibido ninguna señal. Te he asegurado que las señales te están llegando todo el tiempo, entonces, ¿por qué no las estás recibiendo? Bueno, este capítulo te ayudará a romper esas barreras y a empezar a recibir señales por primera vez, o a despejar algo de energía ¡para que puedas recibir aún más de las que estás obteniendo ahora!

¿Qué te bloquea?

Probablemente hayas escuchado hablar de la ley de la atracción. Gracias al libro y la película *El Secreto*, ¡ya no es un secreto! La ley establece que «lo semejante atrae a lo semejante», es decir, lo que piensas, las emociones que envías al universo, las creencias que mantienes (y de las que quizás ni siquiera seas consciente) y la frecuencia de tu vibración determinan lo que aparece en tu vida. Abordamos los pensamientos, las emociones y la vibración en el capítulo anterior, pero si tienes una o más creencias limitantes sobre recibir señales, o en cualquier área de tu vida donde estés intentando crear un cambio, igual que una mosca en la tela de una araña, te quedarás atrapado.

Las creencias se forman pensando una idea una y otra vez combinada con una emoción fuerte. También pueden formarse escuchando a una o más personas decirte algo repetidamente. De niña, llegué a creer que no era buena en matemáticas. Siempre me costó la asignatura y recuerdo sentirme extremadamente frustrada cuando intentaba aprenderla, sobre todo el álgebra. (No es por nada, pero todavía estoy esperando usarla de alguna manera fuera del aula). Pero, en serio, incluso sacaba respuestas incorrectas en exámenes donde podía usar calculadora. Por mi experiencia del gran esfuerzo y la fuerte emoción de frustración que la acompañaba, adopté la creencia de que no era buena en matemáticas y que me resultaba difícil. Además, más de una persona me dijo: «La gente es buena en matemáticas o buena en lengua. Nadie es bueno en ambas». Sabía que destacaba en lectura y escritura, así que esto reforzó mi creencia de que las matemáticas simplemente no eran mi asignatura. Se convirtió en una creencia limitante, es decir, me frenaba, e incluso hoy me encuentro diciendo a la gente que las matemáticas no son lo mío.

Aunque el término «creencia limitante» suena negativo, la verdad es que todas las creencias son limitantes. Pero sólo tenemos que preocuparnos por cambiar activamente las negativas. Por ejemplo, una creencia positiva como «escribir me resulta fácil y se me da genial» no es algo de lo que deba preocuparme porque me ayuda a avanzar y no me detiene de ninguna manera. Por otro lado, si tuviera la creencia de que mis seres queridos no me envían señales o que me resulta difícil reconocerlas, aceptarlas o creer en ellas, eso sin duda me está bloqueando y es algo que quiero cambiar. Si ése es tu caso, te está impidiendo ver las señales que vienen hacia ti. ¿Por qué? Por un sistema en el cerebro conocido como sistema de activación reticular, o SAR. Este sistema actúa como un filtro entre tu mente consciente e inconsciente, y su única misión es buscar cosas fuera de ti (circunstancias, personas y cualquier tipo de prueba tangible) que coincidan con las creencias que mantienes en tu mente subconsciente, muchas de las cuales probablemente aún no conoces. Me recuerda al juego de memoria, donde los niños emparejan imágenes para encontrar parejas mientras todas las cartas están boca abajo y mezcladas. El objetivo del juego es conseguir el mayor número de parejas. Tu SAR está emparejando todo el tiempo y sólo dejará entrar a tu mente consciente las evidencias que coincidan con las creencias de tu mente subconsciente. Cualquier cosa que pudiera ser lo opuesto a lo que crees no pasará.

Usando mi ejemplo de las matemáticas, así es como se desarrolla. Me costaban las matemáticas y adopté la creencia de que simplemente no era buena en ello. Como resultado, mi SAR salió y me encontró todos los escenarios y pruebas para reforzar esta creencia, como escuchar a más de una persona decirme que la gente sólo es buena en matemáticas o lengua, pero no en ambas. Esto reforzó aún más la creencia, y cuanto más se reforzaba, más «pruebas» enviaba el SAR. La información contraria a esta creencia, y los consejos que podrían haberme facilitado el aprendizaje de las matemáticas, ni siquiera entraron en mi conciencia, aunque seguro que estaban ahí, porque el SAR los bloqueó al no coincidir con mi creencia de «no soy buena en matemáticas».

¿Qué significa esto para las señales? Si piensas que necesitas ser médium para recibir señales del universo o dudas de tu capacidad para reconocerlas cuando lleguen, tu SAR las bloqueará de entrar en tu conciencia. Déjame ser clara: no estoy criticando al SAR. En realidad, es tu amigo porque cuando empareja creencias positivas, te dirige hacia nuevas oportunidades y creaciones maravillosas. Por ejemplo, siempre tuve confianza en mi capacidad para escribir y en mi trabajo como editora de revistas, y nunca tuve problemas para encontrar trabajo. Incluso cuando trabajaba como escritora *freelance*, los trabajos siempre me llegaban. La clave está en aprender a hacer que tu SAR trabaje para ti, y comienza por encontrar tus bloqueos y creencias limitantes y luego cambiarlas. Sí, puedes cambiar tus creencias, y puedes convertir tu SAR en tu mejor amigo.

Descubrir creencias limitantes

Este libro trata sobre descubrir señales y sincronicidades del universo, así que ahí es donde nos enfocaremos para averiguar exactamente qué te está limitando a ti y a tu capacidad para hacerlo. Sin embargo, ten en cuenta que puedes usar los siguientes procesos en cualquier área de tu vida donde te sientas estancado o bloqueado para avanzar o crear lo que deseas.

Aquí te detallo quince creencias comunes que bloquean a las personas cuando se trata de recibir señales y sincronicidades. Léelas y observa si alguna te suena familiar, y luego compartiré cómo puedes probarlas utilizando el método de test muscular que he explicado en el capítulo anterior:

- No sé cómo sintonizar señales del universo.
- No puedo sintonizar señales del universo.
- No puedo sintonizar señales de mis seres queridos del otro lado.
- Es difícil reconocer las señales que me envían.
- Tengo que ser médium para comunicarme con el universo.
- Tengo que ser médium para comunicarme con mis seres queridos.
- Sólo ciertas personas tienen el don de comunicarse con seres queridos fallecidos.
- Mis seres queridos del otro lado no me envían señales.
- No me es posible notar las señales que me envían.
- Mi vida es demasiado caótica para reconocer señales del universo o de mis seres queridos.
- No merezco recibir señales del universo.

- No merezco recibir señales de mis seres queridos que han fallecido.
- No me fío de mí mismo para reconocer señales del universo.
- Tengo miedo de recibir señales del universo.
- Tengo miedo de recibir señales de mis seres queridos del otro lado.

Recuerda, la mayoría de las creencias que mantenemos –especialmente las que nos bloquean y limitan– existen en la mente subconsciente, por lo que ni siquiera nos damos cuenta de que están ahí afectando nuestras vidas. Ésta es una de las partes más frustrantes sobre las creencias e intentar avanzar en la vida, pero tenemos la capacidad de acceder a la mente subconsciente para ver qué está pasando, llevar las creencias a la mente consciente y luego hacer cambios. La forma más fácil y rápida de hacerlo es mediante el test muscular, que he explicado en el capítulo anterior. Como la mente y el cuerpo están conectados, el test muscular es una forma de usar tu cuerpo para obtener respuestas de tu mente subconsciente. En lugar de adivinar qué creencias podrían estar bloqueándote, con el test muscular puedes concentrarte exactamente en las que necesitas cambiar para comenzar a ver resultados rápidamente, ¡y en este caso, comenzar a ver señales!

Ejercicio

Test muscular de creencias en pareja

Si eliges a alguien para que te haga el test muscular, comienza sosteniendo tu brazo derecho paralelo al suelo. Enuncia en voz alta la creencia que quieres probar, por ejemplo: «Tengo que ser médium para comunicarme con mis seres queridos». Luego, mientras aprietas los músculos del brazo levantado para resistir, haz que tu pareja presione hacia abajo e intente bajarlo.

Si tu brazo se debilita y tu pareja puede bajarlo, aunque sea un poco, entonces ésa no es una creencia que sostienes, y puedes pasar a probar otra. Si tu brazo se mantiene fuerte, significa que tu cuerpo está diciendo sí y ésa es una creencia que tienes en este momento. Si no es una creencia que deseas, toma nota de ello como algo que quieres eliminar y cambiar. Explicaremos cómo hacerlo a continuación.

Ejercicio

Autotest muscular de creencias

Puedes usar el Método de pie que he explicado en el capítulo 9 para probar tus propias creencias y enfocarte exactamente en las que te están limitando ahora. Si aún no lo has hecho, necesitas determinar tu sí y tu no antes de probar cada creencia. En este caso, *sí* significa que tu cuerpo resuena con la creencia que enuncias y es una que mantienes en tu mente subconsciente, y si tu cuerpo dice *no*, no es una creencia que tengas en este momento.

Para hacerlo, ponte de pie con los pies ligeramente separados y equilibra tu peso uniformemente en la punta y el talón de los pies. Tus brazos pueden estar a los costados. Di en voz alta: «Muéstrame mi sí» y observa hacia dónde se balancea tu cuerpo. A menudo se inclinará hacia delante para un sí, pero observa lo que te dice tu cuerpo. También puedes hacer una declaración verdadera, como «Mi nombre es ____________» y decir tu nombre. Una vez que tengas un sí, reequilíbrate y di en voz alta: «Muéstrame mi no». Presta atención de nuevo a hacia dónde se balancea tu cuerpo. Para muchas personas, el cuerpo inclinándose hacia atrás o alejándose significa un no. También puedes decir «Mi nombre es ______________________» y pronunciar un nombre que no sea el tuyo para encontrar tu no.

Una vez que hayas establecido tu sí y tu no, puedes comenzar a probar las creencias. Centra tu cuerpo otra vez con tu peso distribuido uniformemente en los talones y los dedos, cierra los ojos y enuncia la creencia en voz alta, por ejemplo: «Tengo que ser médium para comunicarme con mis seres queridos». Si recibes un sí de tu cuerpo, es una creencia que mantienes. Si recibes un no, entonces no es una de tus creencias y puedes pasar a probar la siguiente.

Desahogo, reconocimiento, eliminación

Otra forma de descubrir creencias limitantes en cualquier área de tu vida es lo que llamo «Desahogo, reconocimiento y eliminación». Nuestras creencias limitantes se manifiestan de vez en cuando y a menudo salen a la superficie cuando nos desahogamos y nos quejamos, ya sea con nosotros mismos o con otras personas. Si estás estancado o frustrado con el dinero, las relaciones o, en este caso, recibir señales, sentarte con un papel y bolígrafo y permitirte desahogarte y quejarte puede ayudarte a descubrirlas. Por ejemplo, si tienes problemas para recibir o entender señales, podrías sentarte y escribir:

Estoy frustrado conmigo mismo y con el universo. Estoy leyendo el libro y siguiendo las instrucciones, pero no lo entiendo. Quizás aún no soy lo suficientemente consciente para notar las señales que me llegan. Nunca he podido recibirlas antes, así que ¿por qué voy a pensar que podría hacerlo ahora? He asignado una señal como ha explicado Tammy y le he pedido a mi padre que usara una mariposa, pero he esperado varios días y no he visto ninguna. Fui a una fiesta y el baño tenía un papel pintado con mariposas, pero no creo que eso contara porque quería ver una mariposa real volando a mi alrededor. Pero, tal vez, debería haber contado eso. No sé. Todo esto es tan confuso. Sólo extraño a mi padre y quiero saber de él, pero tal vez nunca seré capaz de hacerlo. Tampoco he recibido señales del universo. Debería probar el método del diario que Tammy menciona en el libro, pero parece que implica mucha dedicación y no tengo tiempo extra en mi rutina diaria. Estoy demasiado ocupada. Probablemente esté perdiendo señales. Soy pésima en esto.

Después de desahogarte, revisa lo que has escrito y haz la segunda parte del proceso, que es reconocer las posibles creencias limitantes. Basándome en el desahogo anterior, éstas son las creencias que extraería y probaría (y no dudes en probarlas en ti mismo):

- No confío en el universo.

- No creo ser capaz de notar señales del universo o de mis seres queridos.
- No soy lo suficientemente consciente para recibir las señales que me están enviando.
- Nunca he podido recibir o reconocer señales antes, así que no podré hacerlo ahora.
- Una señal tiene que venir en la forma exacta que pido para que sea real.
- Escribir un diario todas las noches sobre señales es demasiado trabajo.
- No tengo suficiente tiempo en mi día para hacer todas las cosas que quiero.
- Llevar un diario todas las noches sobre señales no me ayudará.

Después de desahogarte y reconocer, y asegurarte de probar todas las creencias que surjan para ver cuáles te están limitando realmente, el último paso es eliminar y cambiarlas. Hay varios métodos de limpieza disponibles para liberar y cambiar creencias limitantes. Voy a compartir dos aquí, y puedes usar el test muscular para encontrar qué método de limpieza es el mejor para cada creencia que descubras. El primero es la Técnica de Libertad Emocional (EFT, por sus siglas en inglés), también conocida como golpeteo o *tapping*, y el segundo es Ho'oponopono, una práctica hawaiana antigua para limpiar creencias y emociones a través del perdón. También compartiré una oración para invocar ayuda superior para limpiar y abrir tu intuición.

Técnica de libertad emocional

La Técnica de Libertad Emocional, también llamada EFT o golpeteo, es un proceso originado por Gary Craig, un graduado de ingeniería de Stanford y autor del libro *El manual de EFT*, que presentó al público por primera vez en 1995. Está basado en el sistema meridiano chino del cuerpo humano, utilizado en acupuntura. Con la técnica EFT estimulas estos meridianos golpeteando diferentes partes del cuerpo usando las yemas de los dedos. Puede emplearse para muchas cosas, incluyendo disminuir el dolor corporal, aliviar la ansiedad y la depresión, liberar emociones no procesadas atascadas en nuestros cuerpos que causan dolor o enfermedad, y eliminar creencias limitantes que nos detienen en algún área. Es simplemente una forma de mover y eliminar energía de la mente y el cuerpo.

Con las creencias limitantes, debes golpetear los diferentes puntos del cuerpo mientras haces declaraciones en voz alta sobre la creencia en la que estás trabajando. Volviendo a lo que he comentado antes sobre el desahogo, éste es el enfoque que también deberás tomar aquí. Comienzas con una creencia, como «descubrir señales es difícil para mí», y luego empiezas a golpetear los diferentes puntos del cuerpo mientras hablas sobre cómo te sientes, las razones por las que podría ser difícil, y todos tus pensamientos y sentimientos negativos que la creencia provoca. Después de un par de rondas enfocadas en lo negativo y moviendo por todos los puntos de golpeteo, puedes cambiar a declaraciones más positivas, como por ejemplo: «Tal vez pueda waprender a abrir más mi conciencia. Con sólo leer este libro ya me está ayudando a hacerlo. Tal vez, descubrir señales no tenga que ser difícil. Puedo soltarme y confiar en que las señales están llegando», y así sucesivamente.

Para facilitarte este proceso, he incluido un guion de golpeteo, compartiendo en qué punto del cuerpo golpear y las declaraciones que se deben usar en cada punto. Si nunca has probado esto o no estás segura de cómo funciona, puedes seguir las instrucciones en el siguiente ejercicio. Escuché hablar por primera vez sobre la EFT cuando entrevisté a Gary Craig para un artículo en la revista y luego aprendí a usar la EFT en persona cuando asistí a un taller presencial en la ciudad de Nueva York, donde el autor y experto en la EFT Nick Ortner llevó al público a través de todo el proceso. Es muy simple de aprender y, una vez que conoces los puntos de golpeteo y cómo funciona el proceso, puedes usarlo en muchas cosas diferentes. Uso la EFT para limpiar creencias y emociones que impactan en todas las áreas de mi vida, y siempre obtengo resultados.

Ejercicio

Eliminar la duda con el *tapping*

Este ejercicio te llevará a golpetear declaraciones negativas, luego positivas, y a continuación una ronda alternando entre negativas y positivas. Incluyo muchas de las creencias y miedos comunes que bloquean a las personas para recibir señales del universo y de sus seres queridos, pero también puedes incluir cualquier creencia específica que descubras.

Comenzarás en el punto del canto de la mano (como se muestra en la figura en la página 98) usando lo que se llama una «declaración de configuración», y la repetirás tres veces antes de comenzar a golpetear los puntos. Cada sesión de la EFT debe comenzar así. Después del punto del canto de la mano, puedes golpear con una mano en un lado del cuerpo o con ambas manos en ambos lados del cuerpo simultáneamente. La declaración de configuración es ésta: «Aunque tengo esta creencia (enuncia la creencia), me amo y me acepto de todos modos». Uso algunas variaciones de esta declaración a continuación, y tú también puedes hacerlo. Después de decir una frase de configuración tres veces, golpetearás a través de varios puntos y dirás cada frase, comenzando en la parte superior de la cabeza y moviéndote por cada punto.

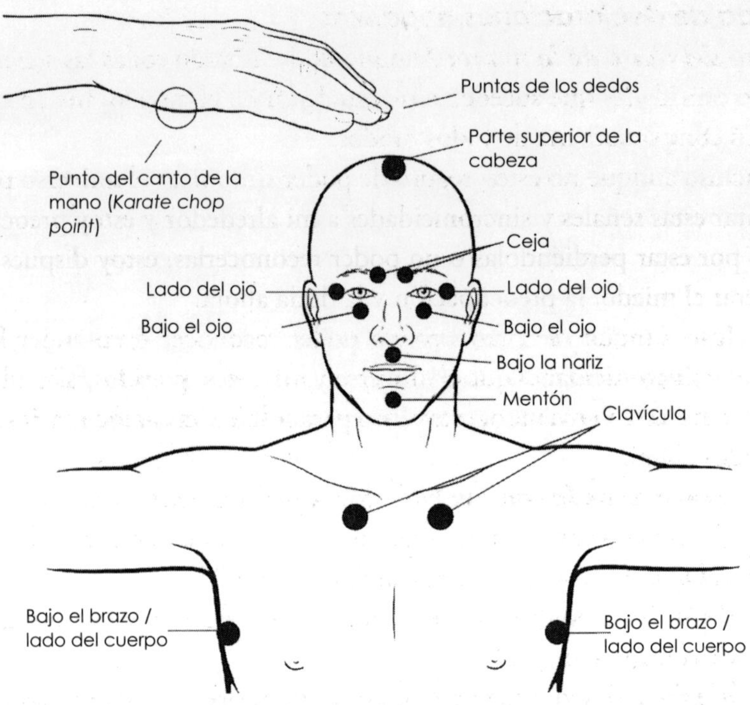

Puntos de tapping de la EFT

Ronda de declaraciones negativas

Punto del canto de la mano: Aunque no he notado todas las señales y sincronicidades que suceden a mi alrededor en el pasado, me amo y acepto completamente de todos modos.

Incluso aunque no estoy seguro de poder sintonizar el universo para notar estas señales y sincronicidades a mi alrededor y estoy preocupado por estar perdiéndolas o no poder reconocerlas, estoy dispuesto a liberar el miedo, la preocupación y la duda ahora.

Incluso aunque me preocupa no poder reconocer o entender las señales y sincronicidades que el universo y mis seres queridos fallecidos siempre me están enviando, estoy listo para soltar estas preocupaciones y miedos ahora.

Punto superior de la cabeza: No estoy seguro de poder hacerlo.

Ceja: No creo ser médium, así que no creo que funcione para mí.

Lado del ojo: Nunca parece llegarme ninguna señal.

Bajo el ojo: No creo que mis seres queridos se comuniquen conmigo desde el otro lado.

Bajo la nariz: Tengo miedo de no poder reconocer o entender las señales y sincronicidades que me envían.

Mentón: Es demasiado difícil para mí.

Clavícula: Siento que siempre estoy perdiendo señales y sincronicidades.

Bajo el brazo: Tengo miedo de no poder hacerlo nunca.

Parte superior de la cabeza: Sé que Tammy dice que todos pueden hacerlo y que es más fácil con el tiempo, pero no estoy seguro de poder.

Ceja: Mi vida es demasiado caótica y ocupada para notar señales.

Lado del ojo: ¿Y si no puedo hacerlo?

Bajo el ojo: ¿Y si no lo reconozco o dudo sobre si algo es una señal?

Bajo la nariz: Tengo miedo de que esto vaya a ser difícil.

Mentón: Realmente no recibo señales.

Clavícula: No creo que esto vaya a funcionar para mí.

Bajo el brazo: Tengo miedo de estropearlo todo.

Parte superior de la cabeza: Creo que otras personas podrían hacerlo, pero yo no estoy seguro de poder.

Ceja: ¿Qué pasará si otros piensan que estoy loca si les hablo sobre una señal?

Lado del ojo: ¿Y si pienso que algo es una señal y no lo es?

Bajo el ojo: No sé si puedo confiar en el universo o en las respuestas que obtengo de él.

Bajo la nariz: Me preocupa que mis seres queridos no me estén enviando señales.

Mentón: Me preocupa que me estén enviando señales y las esté perdiendo.

Clavícula: ¿Y si eso significa que dejarán de enviarlas?

Bajo el brazo: Todo esto me parece muy complicado.

Parte superior de la cabeza: No creo ser lo suficientemente consciente para esto.

Ceja: Tal vez soy demasiado negativo y mi vibración es muy baja.

Lado del ojo: ¿Y si lo intento y aún no recibo una señal?

Bajo el ojo: Estoy tan disgustado por no escuchar a mis seres queridos del otro lado.

Bajo la nariz: Quiero más dirección del universo, pero no está llegando.

Mentón: Me preocupa que esto no vaya a funcionar para mí.

Clavícula: No creo estar lo suficientemente abierto para que entren las señales.

Bajo el brazo: ¿Y si estoy bloqueando las señales y no sé cómo pararlo?

Realiza una inspiración profunda por la nariz, sostenla y luego suelta el aire lentamente por la boca. Observa cómo te sientes o si han surgido otros pensamientos o creencias como resultado del golpeteo, ¡porque también puedes golpetear sobre ellos! Luego continúa con la ronda de declaraciones positivas que tienes a continuación.

Ronda de declaraciones positivas

Parte superior de la cabeza: Tal vez esto no es tan difícil como pienso.

Ceja: Si me relajo y confío en el universo y en mis seres queridos, puedo estar más abierto.

Lado del ojo: Apuesto a que he estado recibiendo señales en el pasado y no las he reconocido.

Bajo el ojo: Sólo por leer este libro, mi conciencia se está abriendo y expandiendo.

Bajo la nariz: Ya sé mucho más que antes.

Mentón: Creo que el universo y mis seres queridos siempre se están comunicando conmigo.

Clavícula: Todo lo que necesito es sintonizar y aceptar estos regalos cuando lleguen.

Bajo el brazo: Estoy abierto a las señales y sincronicidades que vienen hacia mí, y puedo relajarme y disfrutar de este proceso.

Parte superior de la cabeza: No hay nada correcto o incorrecto aquí.

Ceja: Doy permiso a mi mente subconsciente para dejar que estos mensajes entren en la conciencia de mi mente consciente.

Lado del ojo: Doy permiso a mi mente consciente para aceptar señales y sincronicidades cuando lleguen a mi conciencia.

Bajo el ojo: No tengo que ser un médium entrenado para comunicarme con el Espíritu y mis seres queridos del otro lado.

Bajo la nariz: Sólo necesito expandir mi conciencia, lo cual estoy haciendo ahora mismo.

Mentón: Tengo todo lo que necesito para descubrir señales y sincronicidades del universo ya dentro de mí.

Clavícula: Espero con interés estos regalos del Espíritu y mis seres queridos y sé que están en camino.

Bajo el brazo: Sé que puedo pedir una señal en cualquier momento que lo necesite o desee.

Parte superior de la cabeza: Recibiré más señales ahora que estoy abierto a ellas.

Ceja: A medida que acepto las señales que vienen, recibo más.

Lado del ojo: Estoy emocionado por mi comunicación con el universo.

Bajo el ojo: Estoy emocionado por la guía y dirección que esta comunicación me proporciona.

Bajo la nariz: Ya puedo sentir que mi energía está cambiando.

Mentón: Estoy agradecido por las comunicaciones que ahora recibo y recibiré del universo y mis seres queridos.

Clavícula: Estoy abierto y listo para reconocer señales y sincronicidades.

Bajo el brazo: Estoy abierto a las señales y sincronicidades que vienen hacia mí, y es seguro relajarme y disfrutar de este proceso.

Realiza una respiración profunda y luego suelta el aire. Continúa con las siguiente ronda de declaraciones.

Declaraciones negativas/positivas

Parte superior de la cabeza: Reconocer señales y sincronicidades es difícil.

Ceja: Estoy listo para el desafío y sé que se volverá más fácil con el tiempo.

Lado del ojo: No estoy al cien por cien segura de poder hacerlo o mantenerlo.

Bajo el ojo: Voy a relajarme y disfrutar del proceso.

Bajo la nariz: Tengo miedo de cuestionar si realmente es una señal y no estar segura.

Mentón: Sé que cuanto más practique, más seguro me sentiré.

Clavícula: Todavía tengo algo de miedo sobre saber qué es una señal o no.

Bajo el brazo: A partir de ahora diré que sí a lo que venga.

Punto superior de la cabeza: ¿Y si mi conciencia no está lo suficientemente abierta?

Ceja: Hoy soy más consciente por leer este libro de lo que he sido anteriormente.

Lado del ojo: ¿Y si todavía estoy bloqueado de alguna manera y no lo sé?

Bajo el ojo: Puedo gestionar mi vibración con las herramientas de este libro.

Bajo la nariz: Tengo miedo de no recibir señales de mis seres queridos por mi culpa.

Mentón: Sé que si pido, la señal siempre llega, y si la pierdo o la cuestiono, puedo pedir más.

Clavícula: Realmente espero poder hacerlo.

Bajo el brazo: Ya estoy mucho más avanzado de lo que estaba antes.

Este guión te ayudará a comenzar a cambiar tus creencias sobre señales y sincronicidad, y puede servir como ejemplo de cómo puedes trabajar con una sola creencia usando la EFT. Si usas la EFT para una creencia única que descubriste mediante el autotest muscular, puedes volver a probarla después de terminar de golpetear para asegurarte de que se ha eliminado. Lo harás enunciando la creencia en voz alta después de golpetear y ver si aún recibes un sí o si ha cambiado a un no. Si aún recibes un sí, lo que significa que todavía tienes esa creencia, puedes hacer algunas rondas más de golpeteo para cambiarla y eliminarla. Si recibes un no, entonces has eliminado la creencia y puedes pasar a otra si tienes más.

El proceso de perdón hawaiano

Otra técnica que puede utilizarse para eliminar creencias, recuerdos y emociones negativas es Ho'oponopono, conocido como el proceso de perdón hawaiano. Este proceso se hizo popular en la comunidad de desarrollo personal y espiritual porque el autor de bestsellers Joe Vitale escribió un libro titulado *Cero límites*, con Ihaleakala Hew Len, después de que Vitale supiera que el doctor Hew Len curó un pabellón psiquiátrico de pacientes criminalmente dementes sin haberlos conocido nunca personalmente. Para curarlos, sólo revisó sus expedientes y utilizó Ho'oponopono consigo mismo. La técnica se basa en la creencia de que todo lo que nos rodea y con lo que entramos en contacto es nuestra responsabilidad, así como en la creencia de que todos estamos conectados entre nosotros.

Es muy fácil de practicar y puede ser útil cuando se busca eliminar bloqueos para recibir señales del universo y de nuestros seres queridos del otro lado.

Ho'oponopono, que proviene de las palabras hawaianas *ho'o*, que significa «hacer», y *pono*, que significa «correcto», puede usarse en una creencia que se quiera disolver o en una emoción que se desee cambiar. Esto se refiere a señales del universo y particularmente de nuestros seres queridos, porque puedes tener una creencia que necesitas cambiar, pero también puedes tener asuntos pendientes entre tú y un ser querido que necesitan ser perdonados y eliminados para que las señales puedan llegar.

El proceso es muy sencillo, y se hace igual sin importar lo que estés intentando limpiar. Consiste en la repetición de cuatro declaraciones dirigidas al universo, también pueden dirigirse a una persona o situación específica. Estas cuatro frases son:

- Te amo.
- Lo siento.
- Por favor, perdóname.
- Gracias.

Muchos practicantes y maestros te dirán que estas cuatro frases son suficientes, e incluso no tienes que ser consciente de la creencia específica que te está bloqueando. Eso significa que si no sabes qué te está impidiendo atraer señales, puedes simplemente dedicar algo de tiempo a repetir estas frases dirigidas al universo para limpiar lo que sea que te esté impidiendo entrar en tu conciencia.

Ejercicio

Limpieza con Ho'oponopono

Si tú y tu padre tuvisteis una relación difícil mientras crecías, o si sientes culpa por el fallecimiento de tu abuela porque no estuviste allí o crees que podrías haber hecho más de alguna manera, puedes repetir estas frases directamente para ellos. Hay momentos en los que amplío las frases e incluyo más detalles para ser muy claro con las indicaciones que le estoy dando al universo. Por ejemplo, si quieres hacer una limpieza relacionada con tu capacidad para recibir señales y no las has recibido en el pasado, podrías repetir lo siguiente (puedes sustituir el nombre de una persona específica por la palabra «universo»):

Te amo, Universo. Te amo por el amor incondicional que me muestras y por seguir enviándome señales, aunque no las haya notado todas en el pasado. Te amo por tu guía, orientación y protección.

Siento si no he estado abierto a recibir tus señales en el pasado. Siento no haber estado más consciente para recibirlas. Siento si te rechacé a ti y a tus señales en el pasado. Por favor, perdóname. Gracias.

Esto puede hacerse en cualquier momento en que lo pienses, cuando surja un pensamiento o emoción negativos relacionados con las señales, o como una meditación durante unos minutos al día. Sabrás que has limpiado lo que necesitabas cuando tus emociones cambien y comiences a ver señales fluyendo más fácilmente hacia ti. Y si estás trabajando en una creencia específica, puedes volver a evaluarla para ver si ha sido limpiada.

Ejercicio

Oración para invocar al Arcángel Haniel

El último ejercicio de limpieza que quiero compartir contigo consiste en pedir ayuda superior, específicamente al arcángel Haniel. Conocido por ayudar a las personas a abrir su intuición, especialmente la clarividencia, que es la capacidad de ver y percibir cosas más allá de los sentidos. El arcángel Haniel puede ayudarte a ser consciente de las señales que te llegan y a eliminar cualquier bloqueo que impida que fluyan hacia tu mente consciente. Esta oración puede recitarse todos los días o en cualquier momento en el que tengas dificultades para recibir una señal o respuesta del universo o de un ser querido del otro lado.

Querido arcángel Haniel, invoco tu guía y pido tu ayuda para percibir las señales que me llegan del universo, de mis ángeles, guías y seres queridos que han partido. Por favor, elimina cualquier duda, miedo, estrés, ansiedad, preocupación y cualquier otra emoción negativa que pueda estar bloqueando mi visión para notar y reconocer las señales que se presentan en mi camino. Por favor, abre mi corazón y mi mente a las formas sutiles en que el universo me habla, y ayúdame a elevar mis habilidades intuitivas y mi visión. Por favor, ayúdame a limpiar y abrir mi chakra del tercer ojo para que pueda ver más allá de los cinco sentidos y conectarme con las vibraciones más elevadas a mi alrededor. Estoy abierto a tu guía y asistencia y agradezco toda tu ayuda. ¡Gracias! ¡Gracias! ¡Gracias! Amén.

Acepta la alegría

Conozco la alegría que surge al recibir comunicación del universo y de los seres queridos del otro lado, y ésa es la razón principal por la que sentí la llamada para escribir este libro. Quiero que todo el mundo se abra a esta alegría y la acepte cuando llegue. Muchos de nosotros estamos condicionados a buscar lo negativo en la vida y, en muchos casos, ¡lo esperamos o incluso nos preparamos abiertamente para ello! Puede ser por mensajes que recibimos en la infancia de padres, maestros y la sociedad, bien intencionados pero limitantes, o por traumas pasados que desencadenaron un miedo que se instaló de manera predominante en nuestro interior. Sin importar la razón, la mayoría de nosotros hemos olvidado esperar la alegría; hemos olvidado aceptarla y celebrarla cuando llega. Las señales de tus seres queridos están destinadas a traerte alegría. Las experiencias sincrónicas que muestran cómo el universo te guía son pura alegría. Es hora de empezar a aceptar y celebrar todas aquellas que lleguen a tu vida.

Durante una lectura de mediumnidad con George Anderson, diez meses después de la muerte de mi madre, ella ofreció pruebas a mi familia y a mí de que el alma continúa existiendo después de que el cuerpo físico muere. Pero durante esa hora de lectura, también nos dio consejos sobre cómo vivir en este mundo físico desde su perspectiva más elevada. Uno de los temas que abordó fue la importancia de aceptar las alegrías de la vida, haciendo referencia incluso a su «revisión de vida» en el otro lado, donde almas superiores le preguntaron sobre aceptar la alegría durante su vida en este mundo físico. Anderson y otros médiums han explicado que la revisión de vida es algo que todos experimentamos después de morir. Nos permite ver todo en nuestra vida, tanto lo bueno como lo malo, incluyendo la manera en que nuestras acciones afectaron a otras personas.

Me gustaría concluir este viaje contigo compartiendo el consejo de mi madre sobre aceptar la alegría, con la esperanza de que te ayude a abrirte a más alegría en cada aspecto de tu vida, incluyendo la alegría de las señales y las sincronicidades. Éste fue su mensaje, transmitido a través de George Anderson:

[Tu madre] dice que siempre estás preparada para afrontar las cosas malas que ocurren en la vida… ¿por qué no empiezas a absorber algunas de las alegrías que llegan a la vida? Es curioso cómo, incluso en su revisión de vida en el más allá, las almas superiores le preguntaron: «¿Has participado en las alegrías que han llegado a ti en la vida, además de las dificultades?». Ella dijo que realmente no tenía respuesta para eso, porque estamos tan condicionados a soportar las dificultades, y la vida parece un peso. Dice que le preguntaron: «¿Por qué no participaste en esas alegrías? ¿Por qué no te permitiste esta felicidad alegre? ¿Por qué fuiste tan rápida para aceptar las dificultades y la infelicidad, y pasaste por alto las alegrías?». Mucha gente en la tierra tiene más dificultad para aceptar la alegría que para enfrentar las adversidades. De hecho, pueden aceptar la adversidad más fácilmente que la alegría. La gente rechazará la alegría pensando que no es lo correcto o que no tienen derecho a ella, y dice que eso es incorrecto. Siempre recuerda que, cuando la alegría llega a tu vida, se supone que debes aceptarla. Recuerda aceptar con voluntad y júbilo las alegrías que te llegan, si te llegan, es porque te las mereces.

Desde el fondo de mi corazón, espero que este libro te ayude a aceptar con voluntad y alegría las señales y sincronicidades que llegan a tu vida. Como dijo mi madre, te las mereces.

No es el final

Esto puede ser el final del libro, pero en realidad es el comienzo de una nueva forma de mirar tu vida. Aplicar lo que te he enseñado aquí empezará a llenar tu vida de magia y milagros. Ahora, cuando algo salga mal o no funcione como planeaste, podrás recordarte a ti mismo que en la vida no existen los accidentes. Recordarás que hay una razón para todo lo que ocurre, incluso cuando el significado tarde un tiempo en revelarse. Como resultado, las circunstancias de tu vida no te abatirán por mucho tiempo.

También te he dado herramientas para domar el caos en tu vida, elevar (y proteger) tu vibración para que sientas menos estrés, más alegría y, por supuesto, para dejar que el flujo de señales y sincronicidades entre en tu conciencia. Pero lo más importante es que ahora puedes comenzar a crear un diálogo con el universo y con tus seres queridos del otro lado. Porque ahora comprendes que la comunicación es un camino de doble sentido, puedes usar las oraciones de este libro para pedir ayuda cuando la necesites, incluyendo abrirte a los mensajes que te están enviando. Consulta el cronograma de ejemplo en el apéndice 1 para ayudarte a incorporar algunos de los ejercicios y técnicas mencionados en el libro, así como la guía de ayuda superior del apéndice 2, que enumera ángeles, maestros ascendidos y otros.

El camino espiritual en el que estoy hoy comenzó con la muerte repentina de mi madre y, aunque me encantaría tenerla de vuelta conmigo en este mundo físico, sé que su partida tenía el propósito de enseñarme cómo funciona el universo, cómo se comunica (y cómo nuestros seres queridos del otro lado también lo hacen) y, en última instancia, para que enseñe esta comunicación a otros. Estoy agradecida por la fuerte conexión que aún tengo con mi madre desde el otro lado, y quiero que tú tengas la misma gratitud y conexión con tus seres queridos en el Espíritu. Ellos no se han ido. No estás solo. El universo te está hablando, y ahora tienes todo lo que necesitas para empezar a escuchar.

Apéndice 1

Un día sincronizado

Para que te resulte lo más fácil posible incorporar las enseñanzas de este libro, en esta sección encontrarás las técnicas y los ejercicios organizados en rutinas de mañana, tarde y noche. Seguir estas rutinas te ayudará a mantener una vibración elevada y a estar en sincronía con la comunicación del universo, tus ángeles, guías y seres queridos del otro lado. Siéntete libre de ajustarlas para adaptarlas a tu horario y tu vida.

Rutina de mañana

Antes de levantarte de la cama

- Piensa en tres cosas por las que te sientas agradecido en este momento.
- Entrega cualquier preocupación, una a una, al universo para que pueda resolver cualquier problema por tu bien y por el de todos los involucrados.
- Di la Oración matutina (página 13).
- Opcional: Meditación de energía terrestre (página 113), Meditación Kirtan Kriya (página 178), Visualización de reconexión (página 181).

Por la mañana temprano

- Ajusta la alarma de tu teléfono móvil para que suene cada hora (o tres veces al día), de forma que puedas tomar descansos de 60 segundos a lo largo del día e incorporar gratitud o entregar tus preocupaciones (página 100).
- Escucha un pódcast, audiolibro o vídeo positivo mientras te preparas para el día.
- Ponte un collar o pulsera difusora de aromaterapia con una fragancia que te conecte a la tierra durante el día, o lleva contigo un aceite esencial para oler durante los descansos de 60 segundos y centrarte. (Consulta la lista de aceites esenciales para conectarte a la tierra en la página 108).

Rutina de tarde

- Si puedes salir a la naturaleza en algún momento durante tu descanso para comer (e incluso abrazar un árbol), esto puede ayudarte a mantenerte conectado a la tierra o a reconectarte si sientes que estás fuera de sincronía.
- También puedes hacer un reinicio del chakra corona (página 112) para conectarte a la tierra antes de continuar tu día.

Rutina de noche

- Limpia tu energía (página 117).
- Haz la postura de yoga «Piernas contra la pared» durante 5 a 10 minutos antes de acostarte (página 109).
- Escribe tres cosas por las que te sientas agradecido que te hayan ocurrido ese día.
- Responde a las preguntas de la noche (página 155) y anota cualquier señal recibida durante el día y de quién provenía en tu diario nocturno de señales y sincronicidades.

Apéndice 2

Guía de ayuda superior

Esta lista de arcángeles, maestros ascendidos, diosas y santos, junto con sus especialidades, puede servirte como guía de referencia cuando necesites ayuda en tu vida. No se incluye aquí a todos los ángeles, maestros ascendidos o santos, pero he recopilado aquellos que pueden ayudarte con una variedad de cuestiones para que puedas comenzar. Como he explicado en el capítulo 2, no es necesario practicar una religión o sistema de creencias específico para pedir su ayuda, porque en el más allá no hay religión ni separación; sólo existe la unidad y el amor.

Arcángel Ariel

Como el arcángel que supervisa la naturaleza y el mundo natural, puedes invocar a Ariel junto con el arcángel Rafael para sanar a humanos, animales, plantas y el medio ambiente en su conjunto. Su nombre significa «león o leona de Dios» y a menudo se le asocia con leones (fíjate en esta señal de su presencia). También puede ayudarte con la manifestación, la prosperidad y la abundancia debido a su influencia en el mundo natural.

Arcángel Azrael

Aunque su principal función es ayudar a las personas a cruzar al otro lado en el momento de su muerte, asegurando una transición suave y sin sufrimiento (por lo que a veces se le conoce como el ángel de la muerte), el arcángel Azrael también puede ser invocado por quienes están de duelo para proporcionar energía sanadora y consuelo.

Arcángel Camael

Invoca al arcángel Camael cuando necesites encontrar un objeto perdido, de manera similar a san Antonio. También puede ayudarte a encontrar tu propósito en la vida, una relación amorosa, un nuevo empleo, amistades de apoyo o soluciones a problemas. Asimismo, puedes recurrir a él si buscas reparar una relación o resolver conflictos o malentendidos entre personas, ya que se le conoce como el ángel de las relaciones pacíficas. Consulta al arcángel Jofiel para obtener ayuda adicional con las relaciones.

Arcángel Gabriel

Él asiste en todas las formas de comunicación y es conocido como el ángel mensajero que puede ayudar a escritores, maestros y artistas a transmitir sus mensajes. El arcángel Gabriel también puede ayudarte a superar el miedo y la procrastinación en la comunicación y puede ser invocado para cualquier asunto relacionado con los niños, incluyendo la concepción, el embarazo, el parto y la crianza. Es especialmente útil con los niños sensibles.

Arcángel Haniel

Conocido como el arcángel de la intuición, el ángel de la alegría y el arcángel de la comunicación divina, Haniel puede ayudarnos a conectar con los estados de energía superiores del reino angélico. Además, puede ayudarte a mantenerte centrado y con los pies en la tierra, sin importar lo que ocurra a tu alrededor, y puede transformar la energía pesada y las emociones para liberar preocupaciones y energía de baja vibración. Llámalo para conectarte con el universo y recibir los mensajes que te envía.

Arcángel Jeremiel

Invoca al arcángel Jeremiel para que te ayude a desarrollar la clarividencia, entender el significado de los sueños y descubrir patrones en tu vida que te han llevado a donde estás ahora. Aunque se dice que trabaja con las almas que han cruzado al otro lado para su revisión de vida, también puede ayudarnos a comprender lo que ocurre en nuestra vida en este momento y a encontrar bendiciones en nuestras experiencias pasadas.

Arcángel Jofiel

De manera similar al arcángel Camael, el arcángel Jofiel puede ser invocado para sanar malentendidos entre personas. También puede ayudarte a cambiar rápidamente de una mentalidad negativa a una más positiva y es ideal para invocarlo cuando necesites calmar el caos dentro y fuera de ti. Su misión incluye proporcionar belleza a todos los aspectos de la vida; incluso puede ayudarte con la apariencia personal, incluyendo el cabello y el maquillaje. Además, se le conoce como el ángel del feng shui porque puede ayudarte a reducir el desorden y organizar tu entorno.

Arcángel Metatrón

Trabajando tanto con niños sensibles como con adultos que están abriéndose a sus dones psíquicos, el arcángel Metatrón puede ayudar a limpiar nuestra energía, creencias y miedos, permitiéndonos liberar aquello que ya no nos sirve. A veces se le llama el ángel de la vida, ya que supervisa los registros akáshicos, que contienen cada pensamiento o acción de todas nuestras vidas, y puede ayudarnos a entender por qué ocurren ciertas situaciones en nuestra vida actual.

Arcángel Miguel

Conocido como el ángel de la protección y líder en el reino angélico, el arcángel Miguel puede ser invocado para protegerte de absorber energías externas, algo ideal para personas sensibles o empáticas. También puede ayudarte en situaciones en las que sientas miedo, confusión o preocupación por tu seguridad. Además, puedes llamarle para solucionar problemas mecánicos, eléctricos o relacionados con la tecnología.

Arcángel Raguel

Al igual que los arcángeles Camael y Jofiel, el arcángel Raguel puede ser invocado para ayudar a resolver discusiones y crear armonía entre grupos y familias. También es útil para atraer amistades positivas y relaciones armoniosas.

Arcángel Rafael

Su nombre significa «Dios sana» y puede ser invocado para la sanación física y emocional. El arcángel Rafael asiste a los sanadores en sus prácticas y puede ser invocado para ayudar con adicciones, antojos alimenticios, lesiones y más. También puedes invocarlo para asegurar un viaje seguro mientras estás de viaje. Trabaja junto con el arcángel Miguel para disipar el miedo y el estrés que puedan estar afectando tu salud.

Arcángel Raziel

Llama al arcángel Raziel para que te ayude con la creatividad, incluyendo bloqueos creativos, co-creación, manifestación, apertura de la intuición y conexión a la tierra cuando te sientas desequilibrado. También puede asistir en la sanación de recuerdos dolorosos o traumas pasados.

Arcángel Uriel

El arcángel Uriel puede ayudarte con información intelectual, soluciones a problemas e ideas creativas, ya sea en negocios, en tu carrera profesional o en estudios y exámenes.

Buda

Nacido como Siddhartha Gautama en el año 563 a. C., Buda dedicó su vida a poner fin al sufrimiento y enseñó que tanto la felicidad como el sufrimiento dependen de nuestra mente. Como maestro, puede ayudarte a superar el sufrimiento, encontrar la felicidad, alcanzar el equilibrio y mantener tu paz interior en medio de las dificultades.

Ganesha

Reconocido por su cabeza de elefante, el dios Ganesha pertenece a la religión hindú y es conocido como el removedor de obstáculos. Puedes invocarlo cuando sientas que te encuentras con barreras en algún área de tu vida. También puede ayudarte a traer buena suerte y éxito, por lo que puedes llamarle antes de iniciar algo nuevo para despejar el camino de cualquier cosa que se interponga en tu avance.

Diosa Afrodita

Como la diosa griega del amor, la belleza, la fertilidad y la sexualidad, Afrodita puede ser invocada para recibir ayuda en cualquiera de estos ámbitos, incluyendo la mejora del amor propio.

Diosa Lakshmi

Invoca a la diosa hindú Lakshmi para obtener prosperidad, riqueza y fortuna cuando necesites ayuda en las áreas de abundancia y finanzas.

Diosa Parvati

Al igual que Afrodita, la diosa Parvati –madre de Ganesha– es una diosa hindú del amor, la belleza y la fertilidad. Puede ser invocada para recibir ayuda en la concepción de un hijo, para proteger a mujeres embarazadas o para conectar con tu instinto maternal interior.

Diosa Sarasvati

La diosa hindú del conocimiento, la música, el arte y la naturaleza, Sarasvati puede ayudarte a encender más creatividad en tu vida y a avanzar en proyectos creativos.

Virgen María

Como representante de la religión católica, la Virgen María es la madre de Jesús y es conocida por ayudar a los niños y a las personas que trabajan con ellos. Por supuesto, los padres también pueden invocarla para recibir ayuda con sus propios hijos. Es una maestra del amor incondicional y la compasión, y puede ser invocada para recibir ayuda en cualquier aspecto de tu vida en que sea necesario.

San Antonio

Como patrón de los objetos perdidos en la religión católica, puedes invocar a san Antonio cuando hayas extraviado algo, como las llaves, el móvil o una joya. La oración es sencilla: «Querido san Antonio, ven por aquí. Algo se ha perdido y debe ser encontrado».

San Cristóbal

Conocido como el patrón de los viajeros y conductores, puedes invocarlo al viajar de cualquier forma para pedir seguridad y protección, ya sea en coche, avión, tren, etc.

San Francisco de Asís

Invoca a San Francisco de Asís para cualquier ayuda que necesites con los animales, ya que es el patrón católico de los animales y la ecología. También puedes invocarlo junto con el arcángel Ariel, quien también trabaja con los animales y la naturaleza.

San José

En la religión católica, san José no solo es el patrón de una muerte feliz (porque se dice que murió con Jesús y la Virgen María a su lado), sino que también es el patrón de los trabajadores. Puedes invocarlo para cualquier asunto relacionado con el trabajo, como encontrar el empleo adecuado. Además, los padres pueden recurrir a él para pedir ayuda en la crianza de los hijos.

San Judas

Conocido como el patrón de los casos desesperados o las situaciones imposibles, puedes invocar a este santo católico en cualquier momento en que te sientas desamparado y sin esperanza. Hay una famosa historia sobre el actor Danny Thomas, que pidió ayuda a san Judas y prometió construir un santuario en su honor si la ayuda llegaba. Hoy en día, ese santuario es el Hospital de Investigación Infantil St. Jude.

Bibliografía

Anderson, G.: y Barone, A.: *Lessons from the Light: Extraordinary Messages of Comfort and Hope from the Other Side*. Nueva York, NY: Berkley Books, 2000.

Chopra, D.: *El cumplimiento espontáneo del deseo.* Barcelona, Grijalbo, 2003.

Craig, G.: *EFT Manual.* Fulton, CA: Energy Psychology Press, 2011.

Dyer, W. W.: *El poder de la intención. Aprende a usar tu intención para construir una vida plena y feliz.* Grijalbo, 2004.

Emoto, M.: *Los mensajes ocultos del agua.* La liebre de marzo, 2014.

Ford, A. *El secreto del amor: Encuentra a tu alma gemela gracias a la Ley de la Atracción.* Urano, 2009.

Hamilton, D. R.: *Cómo tu mente puede sanar tu cuerpo.* Sirio, 2019.

Hawkins, D. R.: *El poder contra la fuerza.* Urano, 2014.

Jung, C. G.: *Collected Works of C. G. Jung,* Volumen 9 (Parte 1): *Archetypes and the Collective.* Princeton, NJ: Princeton University Press, 1968.

—: y Carrington Hull, R. F.: *Sincronicidad: Un principio de conexiones acausales.* Paidós, 1989.

Li, Q.: *et al.:* «Acute Effects of Walking in Forest Environments on Cardiovascular and Metabolic Parameters». *European Journal of Applied Physiology, U.S.* National Library of Medicine. Nov. 2011. www.ncbi.nlm.nih.gov/pubmed/21431424.

NEWBERG, A. B., y WALDMAN, M. R.: *How God Changes Your Brain: Breakthrough Findings from a Leading Neuroscientist.* Nueva York, NY: Ballantine Books, 2010.

PROCTOR, D.: *Madly Chasing Peace: How I Went from Hell to Happy in Nine Minutes a Day.* Nueva York, NY: Morgan James, 2013.

SIEGEL, B.: *Amor, medicina y milagros.* Barcelona, Obelisco, 1984.

SILVERSTONE, M.: *Blinded by Science.* Londres, UK: Lloyd's World, 2011.

VITALE, J.: y HEW LEN, I.: *Cero límites.* Sirio, 2009.

WOOD, A. M.: *et al.:* «Gratitude Influences Sleep through the Mechanism of Pre-Sleep Cognitions». *Journal of Psychosomatic Research, U.S.* National Library of Medicine. Jan. 2009. www.ncbi.nlm.nih.gov/pubmed/19073292.

Índice analítico

Índice
Ejercicios

Índice